Matthias Jung

Dein Ernst, Mama?!

So peinlich kommen wir nicht mehr zusammen – das Pubertätsbuch für Eltern

Illustrationen: Lena Schaffer

Das Buch widme ich meiner wunderbaren Freundin Nicole und meinen Kindern Lenny und Kate.

Inhalt

Vorwort

„Dein Ernst, Mama?!"

Spätestens, wenn du diesen Satz das erste Mal von deinem Kind hörst, weißt du, dass die Zeit der kleinen Prinzessin und des kleinen Prinzen vorbei ist. Jetzt beginnt die Zeit der zickigen Besen und grummeligen Pubertiere.

Herzlichen Glückwunsch, ihr seid in der Pubertät! Dein Leben am Limit beginnt.

„Ich komm gerade gar nicht mehr an meinen Teenager ran. Das sind verschiedene Welten. Ich schaue ihm in die Augen und denke: ‚Das Licht ist an! Aber es ist keiner zu Hause!'"

Oft schon, bevor es überhaupt die ersten körperlichen Anzeichen gibt, merken wir deutlich, wie das Chaos im Kopf unserer Kinder beginnt. Aus der süßen Prinzessin, die morgens fröhlich durchs Haus wirbelt, wird eine motzige Schlaftablette, aus dem Prinzen ein grummeliger, wortkarger Bär.

Klar, wir wissen alle, dass das irgendwann passiert. Aber jetzt schon? Ist das nicht viel zu früh? Gefühlt haben wir doch gerade erst die Windelzeit durch. Da kommt ganz schnell der Wunsch auf, die Zeit zurückzudrehen, um diese kleinen, süßen Wesen wiederzubekommen.

Es wird in den nächsten Jahren (Was? Jahre? HIIIILFE!!!) Tage geben, da lebst du wirklich am Limit und möchtest schreien: „Ich bin eine Mama, holt mich hier raus!", oder wartest sehnsüchtig auf die Durchsage: „Der kleine Papa möchte aus dem Pubertätschaos abgeholt werden …"

Ich will aber den Teufel nicht an die Wand malen.

Pubertät ist einfach die Zeit, in der das Elternsein schwierig wird. Das solltest du unbedingt akzeptieren. Schwierig, doof, peinlich sein, das ist jetzt dein Job. Also Augen zu und durch, wie man so schön sagt.

Wenn du es irgendwann geschafft hast, wirst du stolz auf dich und dein Kind sein.

Jetzt bloß nicht in Panik verfallen. Vieles wird anders, vieles ist neu und ungewohnt, aber auch spannend und wundervoll.

Ganz tief in dem zickigen Feger und dem motzigen Bär steckt noch die kleine Prinzessin oder der kleine Prinz. Auch wenn es oft nicht den Anschein erweckt, alles steckt in ihnen drin, was ihr als Eltern die ersten Jahre liebevoll in sie reingepackt habt. Das ist nicht weg, es kommt irgendwann wieder zum Vorschein, ganz sicher.

Die Pubertät ist nicht nur anstrengend, sie ist eine tolle Zeit mit vielen Erfahrungen für Teenager und Eltern.

Mit einer großen Portion Vertrauen und viel Humor, dazu die überraschenden und vor allem brauchbaren Tipps von Matthias werdet ihr es gut durch die Pubertät schaffen, hinterher stolz sein und rückblickend über vieles schmunzeln.

Ja, das ist MEIN Ernst, Mama!

Daniela Strube | www. https://keep-cool-mama.de/

1

Pubertätslaunen: Auf die Palme, fertig, los!

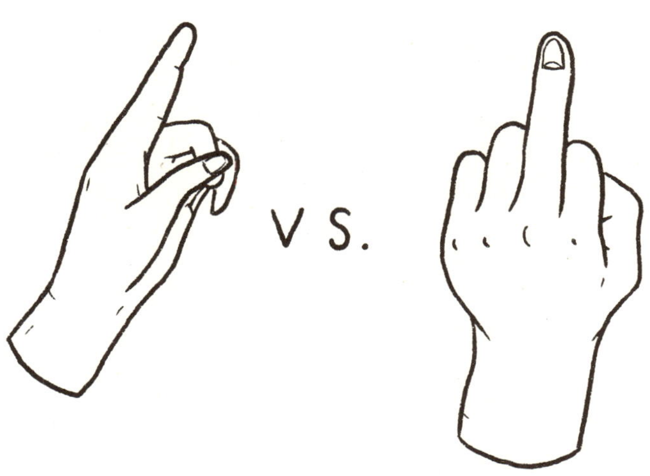

„Meine Tochter ist in einer schlimmen Anti-Phase. Sie ist frech, schreit rum und provoziert, wo sie nur kann. Egal, was ich mache und sage, ich ernte höchstens ein Schulterzucken oder genervtes Augenrollen. Auf der anderen Seite will sie ständig diskutieren und ihren Willen durchdrücken. Total nervig!"

„Meine Fünfzehnjährige motzt rum, dass wir sie in Ruhe lassen sollen. Aber andauernd neue Schuhe haben wollen! Ich habe ihr gesagt: ‚Okay, in Ordnung, ich versuche, dir nicht die Flügel zu stutzen, aber mit zu vielen Schuhen funktioniert das mit dem Fliegen nicht."'

Oberstes Gebot: gechillt bleiben!

Ich weiß, das ist leichter gesagt als getan. Die Ruhe zu bewahren, wenn unsere pubertären Stressmaschinen in die Gänge kommen, ist eine Kunst. Der Hormonvulkan kocht schnell über – und natürlich weiß der Teenager auch, welche Knöpfe er oder sie bei den Eltern drücken muss.

> *„17:51 Uhr: Sohn schreit durchs Haus: ‚Ich bin euch doch so was von scheißegal!' –*
> *17:58: Sohn kommt an und fragt: ‚Du, Mum, kann ich* FIFA 19 *haben?'"*

Erst Vorwürfe, dann Forderungen, das facht das Feuer der elterlichen Weißglut an. Man möchte aus der Haut fahren. So wie bei manchen Teenies die Pickel …

> *„Ich geh da immer erst mal raus, um durchzuatmen. Manche Muttis machen Yoga-Übungen. Das ist aber nichts für mich. Was soll ich in der Baum-Haltung, wenn mich meine Tochter gerade auf die Palme gebracht hat? Weiteratmen hilft und eventuell ein Gläschen Weißweinschorle."*

Ich empfehle das Mantra: Die Sache nicht persönlich nehmen – die Sache nicht persönlich nehmen – die Sache nicht persönlich nehmen …

Auch wenn gerade das schwerfällt, zumal uns die Erinnerung an gestern, als wir Eltern die großen Helden unserer Kinder waren, noch so lebendig vor Augen steht.

Aber es gibt kein Zurück mehr. Sie sind keine Babys mehr – wir können nur hoffen, dass es bald Rückbildungskurse für Teenager gibt!

Mit dem Gezeter unserer großen Kleinen beginnt eine wichtige Phase, die zum Abnabelungsprozess dazu gehört. Sie entwickeln ihre verbalen Fähigkeiten, wollen sich in ihren Worten spüren, sie lernen gerade, sich auszudrücken – auch wenn sie beileibe nicht immer wissen, was sie damit anrichten.

> *„Mein Sohn schmiss die Türen, dass das ganze Haus wackelte. Mein Mann ging auf sein Zimmer und drohte in einer sehr emotionalen Ansprache, alle Türen auszuhängen."*

Unsere Kinder lieben uns trotzdem. Aber sie können und wollen das gerade nicht zeigen. Die Wissenschaft kennt das als „Howard-Carpendale-Symptom": Jemand verschwindet vom Bildschirm, kommt aber garantiert wieder. Das Comeback nach erfolgreicher Pubertät.

Rasten Teenager aus, ruhig mal den Raum verlassen. Dann aber auch wieder auf sie zugehen und versuchen, das Gespräch erneut aufzunehmen. In Extremsituationen arbeitet der „Chill out"-Bereich des Gehirns auf Sparflamme. Auch wer schreit, will gehört werden. Sobald Gefühle im Spiel sind, sollte man sie ernst nehmen. In jedem Alter!

In der Regel wissen die Teenager recht gut, wenn sie übers Ziel hinausschießen und sich nicht unter Kontrolle haben, und sie leiden darunter, weil sie es selbst nicht verstehen. Und schätzen es, wenn man den Schritt auf sie zu macht.

> *„Ich habe Probleme mit meinem Sohn, zumindest, wenn ich versuche, mit ihm zu diskutieren. Sobald ich mich zurückhalte, geht's besser. Ich versuche wirklich, seine Probleme zu verstehen. Weit mehr Sorgen machen mir meine drei Mädels. Wie meine Oma schon sagte: Besser sechs Jungs als ein Mädchen."*

Es ist an uns, den Heranwachsenden klarzumachen, dass den Mitmenschen Respekt gebührt, man ihnen gegenüber nicht einfach so ausfällig werden darf. Teenager wissen es im Zweifelsfall nicht besser, haben es angesichts ihres momentanen inneren

Gefühlschaos' zeitweise schlicht vergessen. Sie müssen lernen, dass man auch Hotline-Mitarbeitern gegenüber höflich bleiben muss, sie nicht einfach so anpampen darf, denn das bringt in der Regel gar nichts außer schlechter Laune auf allen Seiten. Ist jemand Opfer eines Ausrasters geworden, helfen Fragen wie: Wieso bist du gerade dermaßen ausgrastet? Was nervt dich? Wo drückt der Schuh?

Beleidigungen sind nicht tolerabel. Das sollten wir ganz deutlich machen und nicht auf dieses Niveau einlassen. Wenn möglich, die entsprechende Situation wortlos verlassen. Und nicht reagieren, wenn sie oder er einem noch hinterherschreit. Keine Schreiduelle!

Ja, Pubertät ist manchmal eine Frage des Aushaltens. Nach einiger Zeit das Gespräch wieder suchen und den Faden wieder aufnehmen.

Bei jedem Ausrasten des Nachwuchses sich auch selber hinterfragen, ob man „getriggert' hat: Bin ich vielleicht zu nah dran, kontrolliere ich zu sehr? Sind meine Wünsche und Erwartungen illusorisch und einfach nicht ihre oder seine? Bin ich zu flapsig im Umgang und in der Ansprache? Versteht meine Tochter oder mein Sohn meine Ironie? Wie kommt es an, wenn ich sie oder ihn verbal pikse und aufziehe?

Ein Ausraster kann seinen Grund darin haben, dass wir Erwachsenen eine Grenze überschritten haben, sich der Teenager unverstanden fühlt oder es ihm schwerfällt, seine Meinung adäquat zu äußern. Aus Sicht der Teenager stellt es sich so dar: Nervige Erwachsene, die alles besser wissen, dabei ist man ebenfalls so gut wie erwachsen und weiß total gut, was im Leben so abgeht.

Daher sollten wir uns bei einer Auseinandersetzung stets selbst beobachten und hinterfragen. Bleiben Sie im Dialog und thematisieren Sie das Hochkochen der Emotionen: Warum hast du das Gefühl, dich bei mir immer so heftig äußern zu müssen? Warum streiten wir uns so viel? Ist es den Streit gerade wirklich wert? Was können wir verändern, damit die Stimmung zwischen uns besser wird?

> *„Bei jedem Streit frage ich mich: Erwarte ich zu viel? Bin ich gerade selbst gestresst? Fühlt sich mein Kind durch mich eingeengt, rede ich ihm zu viel? Und es stimmt ja, auch. ICH kann was ändern. Die Erfahrung zeigt, allein wenn ich es versuche, wird danach vieles leichter.“*

Wenn wir uns trauen, in unsere eigene Gefühlswelt einzutauchen, finden wir uns womöglich in einem Ozean wieder, in dem wir auch neue Antworten entdecken.

Die Teenager lernen durch die Auseinandersetzung und wachsen an ihr. Vermeiden Sie Streit nicht, nur weil er Ihnen lästig ist oder Sie Angst davor haben. Versuchen Sie, Auseinandersetzungen als verbales Ballett zu sehen, in dem sich die Standpunkte ausformen und die Persönlichkeiten herausbilden können.

Jugendliche sind noch nicht in der Lage, ihre Wut angemessen zu kanalisieren, ihre verbale Wucht ist verheerend, zumal wenn es uns nicht gelingt, diese abzufedern. Dann fühlen sie sich zusätzlich überfordert. Denn das Gefühlsmonster, das aus ihnen emporsteigt, ist neu für sie und macht ihnen auch Angst. Eigentlich brauchen sie unsere Liebe jetzt mehr denn je. Auch wenn sie uns im Moment hassen.

Rebellion heißt Abnabelung, und die sollten Sie unbedingt zulassen, sonst lernen die Bälger nicht, auf eigenen Füßen zu stehen.

> *„So schlimm war der Wutausbruch meiner Tochter noch nie. Zwei Stunden später gab ich mir einen Ruck, ging in ihr Zimmer und setzte mich auf ihre Bettkante. Sie war wütend, weil*

sie sich unverstanden und in die Enge getrieben fühlte. Gleichzeitig hatte sie Angst, dass sie keiner mehr versteht. Noch nicht mal ihre Mama. Dann ist sie durchgedreht. Die Pein, die aus ihren Worten sprach, hat mich sehr berührt."

Oft sind massive Wutausbrüche die Folge, wenn wir zu eng am Teenager dran sind. Bei manchen Dingen, wie z.B. Schulverweigerung, können wir nichts machen.

„*Du willst die Schule gegen die Wand fahren. Ich versteh es nicht, aber ich bin für dich da, wenn du mich brauchst. Das vergiss bitte nie!*"

Hilfe anbieten, aber nicht erwarten, dass er oder sie diese annimmt. Liebevoll, aber bestimmt bleiben und auch eine klare Haltung präsentieren.

Wenige Regeln ausmachen, aber die stehen dann.

Dein Teenager ringt gerade mit seinen eigenen Gedanken und Problemen, die haben oft nichts mit unserem Alltag zu tun. Sorgen wir für uns. Bewahren wir Ruhe und suchen uns zur Not auch Rückzugsorte.

In der Pubertät sind unsere Bedürfnisse und diejenigen der Teenager weitgehend inkompatibel. Letztere üben das Erwachsenwerden, auf Fremdbestimmung reagieren sie höchst allergisch. Sie wollen eigene Erfahrungen sammeln und eigene Entscheidungen treffen.

Und sollten dies auch dürfen, auch wenn das nicht mit unserem Weltbild zusammenpasst.

Dazu brauchen sie Zeit und Ruhe, die sie oft auch explizit einfordern.

„*Mein Sohn kommt nach der Schule nach Hause, legt sich direkt aufs Bett und zieht sich die Kopfhörer auf –, obwohl da keine Musik drauf ist. Das kapiere ich nicht. Ich gehe ja auch nicht mit der Leine raus und lass den Hund zu Hause."*

Den Teenager „nicht zu nerven" heißt aber nicht, ihn gar nicht mehr in familiäre Unternehmungen und Belange einzubeziehen. Was Teenager wollen, aber niemals zugeben werden, ist, dass man sie weiterhin am Familienleben teilhaben lässt. Und wie sie das wollen! Auch wenn sie ständig „Neeein!" plärren, gibt es nichts Schlimmeres für einen Heranwachsenden, als das Gefühl zu haben, die Eltern kümmerten sich nicht mehr um einen.

Um es bildlich auszudrücken: die Tür immer offenlassen.

Und wenn sie mal zuknallt, öffnen wir sie eben wieder.

„Was weißt du schon, was ich gerade denke und fühle? Was weißt du schon, wie es gerade in mir drinnen aussieht? Zieh mal meine Schuhe an, sie stehen vor der Tür. Zieh sie an und laufe meinen Weg. Durch die Straßen, Berge und Täler, fühle die Traurigkeit, fühle meine Traurigkeit, den Schmerz, die Selbstzweifel und auch die Freude.

Durchlaufe die Jahre, die ich ging, stolpere über jeden Stein, über den ich gestolpert bin. Stehe immer wieder auf. Ich habe es auch getan. Erst dann kannst du über mich urteilen. Erst dann kannst du sagen: ‚Ich weiß es schon!'"
(alte indianische Teenie-Weisheit)

Was kann man für sich tun?

„Ich erlebe gerade eine neue Freiheit, indem ich meinen Sohn sein Ding machen lasse. Die Stimmung hat sich dadurch enorm verbessert. Ich versuche zu akzeptieren, dass er so ist, wie er ist, und mich auf mein eigenes Ding zu konzentrieren. Das tut uns beiden gut!"

Nehmt euren Kindern nicht die Luft zum Atmen, lasst ihnen die Chance, selbstständig zu werden, bietet ihnen den Freiraum, sich in die Richtung zu entwickeln, die sie möchten. Sie wollen und sie müssen eigenständig werden.

Unsere Teenies sagen uns sehr häufig ganz direkt, dass wir Eltern aufhören sollen, uns permanent Sorgen zu machen. Aber wir hören nicht auf sie, sondern meist nur auf unsere Ängste. Elterliche Liebe und Fürsorge können Kinder erdrücken, auch wenn wir das natürlich nicht wollen.

Sie kommen wieder, ganz bestimmt! So wie Howard Carpendale (s.o.). Was täte er auch ohne uns? Dann wollen sie auch kein Geld, sondern einfach nur in den Arm genommen werden.

Gut, Howard WILL unser Geld, und ihn in den Arm nehmen, kostet sogar EXTRA ... oder wie es heute in Merchandising-Deutsch heißt: „VIP-Paket".

Manchmal ist es auch ganz simpel: Mach dich rar, und du wirst interessant.

Wir neigen viel zu sehr dazu, für unsere Kinder stets abrufbar zu sein und bei Fuß zu stehen. Das aber ist vorauseilender Gehorsam und ab der Pubertät nur noch gelegentlich nötig.

„Teenies lernen gerade sich abzugrenzen, um eine eigene Persönlichkeit zu suchen. Sie beschäftigen sich mit sich selbst. Wenn ihr das akzeptieren könnt und gleichzeitig eure Grenzen klar macht, dann wird Vieles gechillter!"

Ein Erfolgsrezept: Achtsamkeit im Umgang miteinander, Grenzen respektieren und Bedürfnisse verstehen.

- Nicht auf Machtkämpfe einlassen, nicht streiten (klappt nicht immer, sollte aber der Anspruch sein).
- Nicht aufdrängen, nicht omnipräsent sein; Präsenz zeigen, wenn man gebraucht wird.

- Nicht einschnappen, sondern sich selbst entfalten: Die Pubertät ist die Zeit, in der wir Eltern lernen können, uns wieder mehr auf uns selbst zu besinnen.
- Nicht ausflippen, auch wenn es Beleidigungen hart an der Schmerzgrenze hagelt (Motto: Der Klügere gibt nach; eine ruhige Minute abpassen und ansprechen, dass es so nicht geht und verletzend ist).

Manche Situationen können durchaus erheiternd sein:

> *„Meine Tochter fragte mich, ob sie – wenn sie nachts um 3 Uhr ins Bett geht – die Nachtcreme oder schon die Tagescreme nehmen muss.“*

Bitte nicht gleich losprusten, erstmal auf die Lippen beißen. Unsere Teenager möchten ernst genommen werden, und sie haben auch ein Recht darauf. Andernfalls fragen sie in Zukunft gar nichts mehr. Ihr weiser Mütter-Rat ist gefragt. Und sooo dumm ist die Frage nun auch wieder nicht.

Ich persönlich neige in den frühen Morgenstunden zu einem kombinierten Auftragen von Tages- und Nachtcreme. Man sieht es mir allerdings auch an, sagt meine Frau.

Über all dem Irrsinn der Pubertät sollte Zeit bleiben, auch schöne Dinge zusammen zu unternehmen: shoppen gehen, Filme gucken oder einfach nur nett quatschen, wenn sich die Gelegenheit ergibt. Es ist enorm wichtig und vertrauensfördernd, nicht nur die negativen Aspekte des Teenagers zu sehen, sondern auch die positiven (ja, die gibt es!) wahrzunehmen und hervorzuheben.

> *„Mein Sohn kommt langsam zu sich und wieder zu uns zurück, nimmt wieder mehr am Familienleben teil. Wir haben ihm nie Druck gemacht. Bis vor kurzem kam er nach*

Hause, holte sich was aus dem Kühlschrank und verzog sich stumm auf sein Zimmer. Jetzt lässt er sich schon mal im Wohnzimmer blicken, erzählt von seinem Tag und stört uns beim Fernsehen – wie schön!"

Wie reagiere ich auf Beleidigungen?

„Mein Kind sagte zu mir: ‚Ich hasse dich'. Das war ein Schock. Ich fühle mich so was von schlecht."

Wie sollen wir so etwas nicht persönlich nehmen?

Ich sage: Doch, müssen wir. In so einem Fall ist es sogar das Wichtigste überhaupt!

Denn unsere Teenager haben gar kein Sensorium dafür, was sie mit ihren Worten auslösen. Das lernen sie erst mit der Zeit. Sie knallen ihre Emotionen raus, ohne sie im Entferntesten im Griff zu haben. Denn der vernünftig denkende Teil ihres Gehirns wird gerade überarbeitet und fällt als Kontrollinstanz aus. Die Emotionen sind erst mal ‚freilaufend'.

Wir Eltern sollten das wissen, um Wut und Hass einordnen und ein bisschen besser ertragen zu können. Unser Teenie hat sich gerade wohl mächtig über was geärgert und wir waren der Blitzableiter.

Führen wir uns einfach auch vor Augen, dass der Satz „Nicht in diesem Ton!" an Nummer 3 der meistgesagten Eltern-Sätze in der Pubertät steht.

Hass, Hass, nochmals Hass – wie im Song der Achtzigerjahre-Band Deutsch-Österreichisches Feingefühl: „Hassen, ganz hässlich hassen / Ich kann's nicht lassen, ich bin der Hass!"

„Ich hasse dich!" – „Mein Kind, ich habe dich trotzdem lieb! Darf ich dir mal dieses Lied aus den Achtzigerjahren vorspielen?"

„Ich habe meinem 16-jährigen Sohn gesagt, es wäre schön, wenn er in sein Zimmer ginge und wieder herauskäme, wenn er 24 ist."

Natürlich dürfen und sollen wir unseren Teenagern sagen, dass wir solch massive Beleidigungen nicht in Ordnung finden. Unbedingt sogar!

„Mein Sohn hat mich als ‚Lauch' bezeichnet! Es sollte eine Beleidigung sein. Ich dachte, er macht mir ein Kompliment für meine Figur."

Noch einmal: Teenager müssen erst lernen, dass Worte verletzend sein können. Ein bisschen Schwund ist immer, und leider sind wir Eltern der Punchingball, wer auch sonst? Gibt es lauchförmige Punchingbälle?

Wichtige Anmerkung: Deine Kinder hassen niemals dich als Person, sondern deine Macht, ihre Pläne zu durchkreuzen!

Es geht um die Funktion, die Eltern erfüllen. Die nennt man Erziehung. Die lehnen Jugendliche ab, vor allem wenn es um Ausgehzeiten und Medienkonsum geht.

Ist der erste Rauch verdampft, gilt es, dem Teenager die eigene Sichtweise zu erklären, aber auch den Teenager zu Wort kommen lassen und zu versuchen, seine Gedankenwelt zu verstehen.

Das klingt gerade nach einem Gerichtsdrama auf Netflix – aber genauso fühlt es sich oft an.

„Viele Mädchen leiden unter Selbstzweifeln, fühlen sich scheiße in der Pubertät, wissen nicht weiter. Das darf auch

manchmal raus. Und dass sie das bei uns tun, sehe ich als Vertrauensbeweis. Sie machen es nur da, wo sie wissen, dass man ihnen verzeiht."

„Ach, Mama, ihr müsst doch wegen uns durch die Decke gehen. Sonst seid ihr später noch trauriger, wenn wir ausziehen."

Bedenkt auch: Euer Teenager testet die Grenzen nur dann aus, wenn die Beziehung stabil ist. Wenn die Bindung aus der Kindheit also so stark ist, dass die Teenager denken: „Ich muss mich befreien, aber ich kann es auch, denn ich habe das Gefühl, dass meine Eltern mich bedingungslos lieben! Auch wenn ich jetzt mal durchdrehe..."

Sie streiten, weil sie wissen, dass sie mit Sicherheit auch weiterhin geliebt werden. Im Gegensatz zur Politik – dort streitet man auch immer, wird allerdings nie geliebt.

Wenn Eltern nach jeder kleinen Diskussion emotional komplett zusammenbrechen würden, würde unser Nachwuchs keinerlei Reibung mehr suchen, da er weiß, Mama und Papa verkraften es nicht.

In einer stabilen Bindung jedoch können sich Jugendliche ausleben, ihre Bedürfnisse entdecken und schauen, wo ihre Grenzen sind und wo Eltern ihnen die Grenzen stecken. Ein enorm wichtiger Prozess.

Nutzt einen guten Moment, um die Stimmung zwischen euch zu verbessern. Der ‚gute Moment' in der Pubertät?! Doch, den gibt es. Geht essen, spazieren und manchmal beredet man Probleme am besten während einer Autofahrt. Denn auch bei (Hormon-)Gewittern ist es im Auto am sichersten!

„Diejenigen, die mit ihren Eltern auf Augenhöhe leben, kommen eigentlich ganz easy durch. Sie stehen für sich ein,

sind zwar manchmal unbequem, aber durchaus erreichbar für Argumente. Denn sie haben das Diskutieren gelernt."

Sonderfall: Geschwisterstreit

„Meine Töchter geraten so gut wie jeden Tag aneinander. Die pure Anwesenheit der anderen reicht schon, dass es rund geht. Es ist nicht auszuhalten!"

Bereits die bloße Anwesenheit eines Geschwisters im Raum kann das andere auf die Palme treiben (in der Wissenschaft bekannt als „Politessen-Syndrom"). Essenziell in solchen Situationen ist es, sich nicht einzumischen oder gar Partei zu ergreifen. Das fällt schwer, aber wir sind keine Schiedsrichter! Jugendliche müssen kleine Streitigkeiten und Zickereien selbst klären.

Mit gelben Karten wedeln, bringt gar nichts, sondern lenkt den Unmut der Streitenden erst recht auf uns (außerdem wissen sie, wo unser Auto steht).

Deshalb bitte schnell raus aus der Situation und verschwinden. Oft schreien sich Teenie-Mädels auch deshalb an, damit sich Mama auf eine Seite schlägt und sie sich wahrgenommen fühlen. Getreu dem Motto: „Mama muss doch heute zu mir halten!"

Je mehr man sich raushält, desto besser stehen die Chancen, dass der Krach sich rasch legt.

Kommt körperliche Gewalt ins Spiel, muss man sich natürlich einmischen und notfalls auch psychologische Hilfe einschalten.

„Geht es um kleine Rangeleien oder verbale Entgleisungen, dann höre ich einfach mal weg. Aus dem Augenwinkel bekomme ich trotzdem alles mit, sodass ich im Notfall reagieren kann."

Geschwisterlicher Zoff verglüht schnell, wenn mit den Streitsituationen gekonnt umgegangen wird. Dinge teilen ist ein Klassiker; hier hilft der alte Trick, dass einer teilt, der andere dann zuerst auswählen darf.

> *„Mein Bruder und ich haben immer Kekse geteilt. Das heißt, ich habe den Keks geteilt, doch er wollte nie was abhaben. Vielleicht hätte ich den Keks vorher nicht anlecken sollen!“*

Wenn wir einen guten Tag haben und ganz hoch über den Dingen stehen können, dürfen wir uns auch ein polnisches Sprichwort anheften:

„Nicht mein Zirkus, nicht meine Affen!“

Mütter-Spitznamen, wie Teenies sie in ihren Handys speichern (und ein Vater hat sich reingemogelt, finden Sie ihn?)

1. Mamacuja
2. Mamutschka
3. ChillMam
4. JoMum
5. Muttertier
6. Butter (war zu faul, die Worterkennung zu ändern)
7. Führerin
8. Ehrenfrau
9. Darth Vadder
10. Mamaaaa!
11. WLAN-Berechtigte

2

Teenies und ihre Eltern: So peinlich kommen wir nicht mehr zusammen

„Gestern war ich meinem Kind schon wieder peinlich. Ich war total entsetzt... das scheint jetzt öfter zu passieren!"

„Mein Sohn hat immer über meine Witze bei Tisch gelacht, auch wenn sie noch so schlecht waren. Kürzlich sah er mich aber konsterniert an: ‚Haha, Papa. Seeehr komisch!' Da wusste ich, er hat Pubertät."

Und ich möchte euch fröhlich zurufen: Seid peinlich – dann habt ihr als Eltern alles richtig gemacht!

Das ist jedenfalls das Fazit dieses Kapitel, mit dem wir hier beginnen, jawohl, das ist mir gar nicht peinlich. Denn ich weiß, wie wichtig Peinlichkeit in der Pubertät ist.

„Peinlichkeit kennt keine Grenzen!", um es mal mit Hape Kerkeling zu sagen.

(Dass es bei ihm um ‚Witzigkeit' ging, ist mir schnuppe und eben nicht peinlich).

Wir ahnen schon: Einmal mehr geht es um Grenzen, nämlich das Abgrenzen unserer Kinder, und zwar von uns und unseren komischen erwachsenen Verhaltensweisen. Dafür braucht es die Power der Peinlichkeit!

Denn je blamabler die Eltern, desto nachhaltiger der Abnabelungsprozess. Teenager, die ihre Eltern nicht beschämend finden, haben es schwer. Wenn sie uns wie in ihrer Kindheit weiterhin als Helden oder beste Freundinnen betrachteten, wie sollen sie sich dann richtig abnabeln? Womöglich hängen sie dann ein Leben lang an unserem Rockzipfel. Was für eine Vorstellung!

Seid also peinlich – auch aus reinem Selbstschutz.

Betrachten wir das Peinlichsein als unsere Kernkompetenz. Und wenn wir nicht nur peinlich sein dürfen, sondern sogar peinlich sein sollen, macht das Leben auch gleich wieder viel mehr Spaß. Eure Kinder sollen ruhig die Augen verdrehen, wenn ihr in Sichtweite kommt, wir können noch anders! Zum Beispiel wenn wir mit ihnen im Auto unterwegs sind und es läuft Helene Fischer und wir dann ganz laut mitgrölen – meine Güte, wie peinlich!

„Kumpelelterntum" macht dagegen weniger Sinn. Indem manche Eltern peinlich darauf achten, ja nicht peinlich zu sein, verlieren die Kinder die Orientierung. An wem sollen sie sich jetzt abarbeiten?

Nach der Pubertät können wir gerne wieder ziemlich beste Freunde unserer Kinder sein oder werden. Aber währenddessen sollte sich hemmungslos über uns Eltern aufregen und ihre Persönlichkeit schärfen dürfen. Also nicht anbiedern, nicht schämen, liebgewordene schlechte Gewohnheiten nicht ablegen, sondern fröhlich peinlich sein!

Wer bin ich denn, dass ich mir von Menschen reinreden lasse, die nicht mal Boney M. kennen?! *Ra-Ra-Rasputin, Russia's greatest love machine!*

Oder Dschingis Khan: *Lasst noch Wodka holen, denn wir sind Mongolen. Hohohoho!*

> *„Ich vermisste meine Sporthose und hatte meinen Sohn im Verdacht. Also marschierte ich in sein Zimmer. Er war entsetzt: „Mann, Papa! Ich habe gerade ein Online-Game laufen! Die können dich hören!"*

Die deutsche Schlagergeschichte ist übrigens eine hervorragende Möglichkeit, den Abnabelungsprozess, der für Jugendliche so wichtig ist, zu beschleunigen. Vielleicht muss es nicht immer Helene Fischer sein, die passt auch nicht auf alle Stimmlagen, ein schmachtendes Christian Anders'sches *Es fährt ein Zug nach Nirgendwo* wird den Sohn und seine Freunde sicherlich ebenso beeindrucken.

> *„‚Mama, wenn ich mit dir einkaufen gehe, dann kennen wir uns nicht!' Aber im Saturn wollte er dann unbedingt das Playstation-Spiel* FIFA 19 *haben. Unter einem Vorwand schleppte ich ihn zur Information und sagte: ‚Rufen Sie bitte die Eltern aus, der Bengel hier schnorrt mich an!'"*

Ja, es darf auch mal Spaß machen.

Irgendwann vergessen unsere Kinder auch wieder, dass wir ihnen peinlich sind oder waren. Spätestens, wenn sie selbst mit dem Problem konfrontiert werden. *Hohohohoho!*

Wie stets gilt auch beim Thema Peinlichkeit: Die Zeit ist auf unserer Seite und spielt uns in die Karten.

> *„Letztens rief mir mein Sohn, als er wieder mal mit seinen Kumpels abhing, ein fröhliches ‚Hallo' zu. Ich war so konsterniert, dass ich umgehend meinen Mann anrief: ‚Schatz, die Pubertät lässt nach!'"*

Zusammengefasst: Lassen wir uns vom Vorwurf der Peinlichkeit nicht irritieren oder verletzen, im Gegenteil, versuchen wir, auch diese Phase zu genießen.

> *„Ich habe mich gefreut, als mein Sohn mir an den Kopf warf: ‚Mama, bist du peinlich!' Denn das bedeutete: wieder ein Schritt in Richtung Erwachsenwerden!"*

> *„Manchmal wuschele ich ihm über den Kopf, gerne, wenn sein bester Freund danebensteht. Er grunzt dann immer so süß: ‚Boaaah, Mama, lass das, meine Frisuuur!'"*

Letzten Dienstag, in der Pubertät

„Mama, meine Schuhe liegen nur deshalb im Weg, damit ich nicht vergesse, sie anzuziehen.“

„Ich lege den Wäschekorb mit seinen Sachen genau in die Mitte der Treppe. Da wird er drüber fallen, da kann er nicht dran vorbeigehen. Er wird kapieren, dass es seine Sachen sind und er sie mit nach oben nehmen soll. Vielleicht noch eine blinkende Lichterkette anbringen? Nein, er wird ihn sehen, er wird den Korb sehen und ihn nach oben tragen, er wird, er wird, er wird … Ommmmm.“

„Mama, wir haben im Praktikum gelernt, wie man ein Fax schickt. Ich bin gespannt, was als nächstes kommt, ein Katapult abfeuern, die Pferde striegeln, ein Kettenhemd knüpfen?“

„Wie war die Mathe Arbeit?“
„Ach, Mama, Hauptsache, wir sind gesund …“

„Mein Sohn möchte ein Praktikum als Tierpfleger machen. Das sollte ihm leichtfallen, er haust ja schon in einem Pumakäfig.“

„Wenn man die Eltern auf die Palme bringt … kann ich unten in Ruhe Netflix schauen.“

„Ich hätte gerne eine Kugel Eis, und zwar Vegan, Low Carb und Low Fat, bitte.“
„Sehr gerne … Lass dir die Würfel schmecken.“

3

Hilflos, ratlos, frustriert oder auch: „Teenies first!“

„Dabei hatte ich seinen Geburtstagstisch so schön vorbereitet, mit Kuchen, Kerzen, Geschenken und allem. Sein einziger Kommentar, bevor er Richtung Schule abzog: ‚Mama, jetzt nerv mal nicht mit dem Scheiß.'"

Ja, wir Eltern geben uns Mühe, und wir werden enttäuscht. Daran sollten wir uns aber schleunigst gewöhnen: Eltern zu sein ist der undankbarste Job der Welt! Das ist die traurige Wahrheit.

Wahr ist aber auch, dass wir uns verletzt und traurig fühlen und fassungslos sind angesichts der grausamen Undankbarkeit unserer Kinder.

Dabei wollten wir immer das Beste für sie, haben uns unendliche Mühe mit ihnen gegeben, sie nach Strich und Faden verwöhnt. Aber unsere Erinnerungen an die guten, alten Zeiten wollen einfach nicht mehr zum jetzigen Bild passen. Unsere Erwartungen, wie der Geburtstagsmorgen ablaufen soll, zerschellen an der Wirklichkeit. Die Kinder funktionieren nicht so, wie wir denken, dass sie's sollten, sie haben ganz anderes im Sinn ...

Was, wenn wir das Thema vorher sondiert hätten? Wenn wir sie gefragt hätten, wie sie sich ihren Geburtstag vorstellen? Vielleicht hätten wir eine ehrliche Antwort erhalten: „Am liebsten will ich gar nichts machen, Geschenke möchte ich erst abends auspacken." Diese Antwort hätten wir als Vertrauensbeweis nehmen und uns darüber glücklich schätzen können.

„Wir sprachen über meine Enttäuschung, und ich musste erkennen: Es war meine Vorstellung von Geburtstag, nicht seine."

Fakt ist: Sie sind nicht mehr unsere kleinen Kinder, sondern junge Männer und Frauen, die das Erwachsensein einüben. Wenn sie sich dabei in der Wortwahl vergreifen und sich uns gegenüber danebenbenehmen, können wir vor Wut und Zorn erzittern, aber wir können es auch als das nehmen, was es ist: die Pubertät ...

„Sensibilität ist eine Zier, doch Teenies leben ohne ihr."
(Altes Teenie-Warnsprichwort ...)

Die Perspektive der Teenager ist, den Geburtstagstisch einfach auch mal „nicht gut" zu finden, weil, „das bringt doch nichts". Das können wir wieder in die Rubrik „Abgrenzung und Ausbildung einer eigenen Meinung" einordnen. So einfach ist es wirklich: Unsere Kinder probieren aus, testen Aktionen und Reaktionen, und zwar uns gegenüber, den Eltern, die diesbezüglich die größte Toleranz haben oder haben sollten.

Was können wir für uns tun, wenn es uns schlecht damit geht? Wir passen mal wieder einen günstigen Moment ab – und reden darüber. Wir werden schnell feststellen: Ein Standardgefühl der Teenager ist, dass sie sich eingeengt, nicht ernst genommen und bevormundet fühlen. Wenn sie sagen, wir sollen sie in Ruhe lassen, heißt das, wir haben aus ihrer Sicht ihre Grenze überschritten.

Daher ein Tipp: Fragen wir uns ehrlich, wo wir unsere fast erwachsenen Kinder vielleicht zu sehr „befürsorgen".

In der Realität sieht es oft so aus: Teenager verlässt das Haus, wir rufen hinterher: „Hast du auch alles, Kind? Schlüssel, Fahrkarte? Einen Schirm, falls es regnet?"

Die korrekte Antwort – aus Sicht der Teenager – darauf aber lautet: „Nerv nicht!"

(Vergisst es dann natürlich trotzdem).

Vorschlag für das Geburtstagsdesaster: Den Gabentisch nicht mehr ansprechen (das wollte der Sohn ja so), abwarten, ob er im Laufe des Tages noch etwas dazu sagt; den Geburtstag im Stillen genießen, Fotos vom Gabentisch machen, mit früheren Geburtstagsfotos vergleichen – ihm ein Foto auf sein Smartphone appen!

(Dazu vielleicht noch einen YouTuber engagieren, der aus der Torte springt.)

> *„Habe Hoffnungen, aber niemals Erwartungen – dann erlebst du vielleicht Wunder, aber niemals Enttäuschungen!"*
> (Satz in der Toilette der deutschen Bahn)

Reduzieren und relativieren wir unsere Erwartungen nicht, werden wir aus der Enttäuschung möglicherweise nicht mehr leicht herausfinden – so wie auch beim nächsten Thema.

„Mein Teenager ist ein Hygiene-Verweigerer. Er duscht nicht, läuft mit fettigen Haaren herum und riecht nach Schweiß. Kaum, dass er die Zähne putzt. Das ist nicht mehr lustig! Aber wehe, ich sage was, dann herrscht er mich an: ‚Nerv nicht!'"

„Mein Sohn hat so fettige Haare, wenn der seine Brille hochzieht, rutscht die nach hinten weg. Und Schuppen hat er, dass Kopfläuse eine Schneeballschlacht machen könnten …"

Willkommen bei der Fortsetzung von „Nervnicht", heutige Folge: die Körperhygiene.

Vorsicht, Wortspiel: Schweißt Teenies weltweit zusammen …

Zunächst aber mal die wissenschaftliche Seite: Schweißgeruch, der sich ab einem gewissen Alter bemerkbar macht, ist ganz normal. Die Schweißdrüsen entfalten in der Pubertät ihre volle Power, und das führt zu einem starken Geruch, den wir bisher nicht kannten.

Volkswirtschaftlich hat Schweißgeruch darin seine Bedeutung, dass er Parfümerien und Drogeriemärkte boomen lässt und damit Arbeitsplätze sichert…

„Mein Sohn meidet die Dusche. Ich habe ihm gestern einen Duschkopf geschenkt, damit er in seinem Zimmer duschen kann. Der funktioniert über WLAN … Mal sehen, ob er die Message schnallt."

Außerdem ist zu häufiges Duschen für die Haut gar nicht so gut, da es den Säureschutzmantel angreifen und zu Ekzemen führen kann. Es wäre lediglich eine Verlagerung des Problems, wenn die Haut der Jugendlichen vom Duschen so rot würde, wie unser Gesicht vor Wut ohne Duschen es vorher war.

Viermal duschen pro Woche genügt! Dies der Rat der Mediziner und Käsefußliebhaber.

Große Diskussionen zu führen, ist hier wieder mal nicht hilfreich. Man kann zu gewissen Tricks greifen und beispielsweise in einer Ecke im Bad verlockende Bade-Utensilien drapieren, mit crazy Badezusätzen, funky Duschgels und edlen Lotionen und Cremes – um möglicherweise festzustellen, wie diese Dinge fingerdicken Staub ansetzen.

> *„Kein Deo, kein Tropfen Wasser, aber die Frisur muss sitzen!"*

Es hilft nichts: Teenager müssen selbst ein Gespür für ihren Körper entwickeln, und solange sie sich stinkend wohl fühlen, müssen wir das bis zu einem gewissen Grad ertragen. Die Hoffnung ist aber berechtigt, dass die Reaktionen anderer sie nachdenklich werden lassen und langfristig zu einer Änderung ihrer Duschstrategie führen.

Meist können wir eine Zwischenphase beobachten: die Übertünchung des Schweißgeruchs durch hemmungslosen Einsatz von Deos und Parfüms; die Teenies wissen vielleicht nicht, dass diese Strategie schon seinerzeit zum Untergang des französischen Hofes geführt und somit auch keine Perspektive hat. (Eine mögliche Anrede für Jugendliche in dieser Phase: „Durchlauchigster Riechsgraf" oder „Ausgedünstete Roheit".)

Wir halten fest: gegen Antriebslosigkeit und fehlende Badeschwämme haben wir kaum eine Chance. Körperpflege hat für Teenager keinerlei Priorität, von unseren Appellen fühlen sie sich genervt.

Es gibt aber gewisse Situationen, bei denen Sitte und Anstand Priorität haben: „Morgen ist die Hochzeit deiner Cousine, wir möchten, dass du dir die Haare wäschst und etwas Nettes anziehst." Stößt man immer noch oder jetzt erst recht auf taube, ungewaschene Ohren, kann man nur noch weiße Tauben mit Duftbäumen um den Hals gen Himmel steigen lassen...

Auch eine längere Autofahrt könnte eine solche Situation sein. Ich persönlich plädiere für größtmögliche Direktheit, was auch an meiner empfindlichen Nase liegen mag. Bei einer Fahrt im Faradayschen Käfig nach dem Fußballtraining bestehe ich darauf, dass sich der Puma und seine Mannschaftskollegen geduscht haben.

„Wir fahren gerne in die Eifel und genießen die frische Landluft, die manchmal sogar den Geruch unseres Teenagers überlagert. Ja, vielleicht sollten wir einfach direkt aufs Land ziehen ..."

Eines wohlriechenden Tages aber wird sich das Blatt von allein wenden: Söhne und Töchter entdecken die Duschwanne – und besetzen sie dauerhaft. Und wir, anstatt unsere Nase in den Wind zu halten, verzweifeln über den viel zu hohen Wasserverbrauch, eine Verschwendung sondergleichen.

Hat diese märchenhafte Wandlung vielleicht mit der ersten Liebe zu tun? Plötzlich können unsere Teenager gar nicht frühlingsfrischer und blitzblanker sein.

„Mein Sohn bat mich, ihm aus der Stadt eine Maske mitzubringen. ‚Karneval?' ‚Nee, Gurke.'"

Ein anderes, wirklich ernstes Thema ist das Zähneputzen. Bevor wir uns den Mund fusselig reden, schalten wir am besten einen „pädagogisch versierten" Zahnarzt ein, der dem Teenie demonstriert, dass Zähne guter Pflege bedürfen. Wenn der Doktor mit erhobenem Zeigefinger sagt: „Wir haben wohl mal wieder nicht richtig die Zähne geputzt?", ist das allemal nachhaltiger, als wenn dies die – richtig! – nervigen Eltern tun. Oft reagieren unsere kleinen Erwachsenen angesichts eines Weißkittels ganz herrlich schuldbewusst!

Zu Hause kann man es auch mit einem Kompromissvorschlag versuchen: „Dann wenigstens abends" (wenn das Zähneputzen ja auch am wichtigsten ist).

Ihnen die Zähne zu putzen, während sie schlafen, wird uns schlecht gelingen.

Obwohl ich das Gefühl habe, dass er manchmal bei „Fortnite" so abwesend ist, dass ich ihm problemlos eine Wurzelbehandlung verpassen könnte.

Ein weiterer Kompromiss kann die Benutzung eines Mundwassers sein. Gurgeln geht schnell, es erfrischt, macht guten Atem – und man kann nach Herzenslust ausspucken (machen Jugendliche ja auch mal ganz gerne).

Bei den Simpsons geht das mit dem Mundwasser auch nachts: Anschleichen, wenn sie schlafen, Nase zuhalten und einen Schuss Mundwasser in den Rachen gießen.

Wenn wir sie von klein auf an eine sorgfältige Körper- und Mundhygiene herangeführt haben, können unsere Teenies darauf zurückgreifen – später! Bis dahin genießen wir den freien Zutritt zu unserem Badezimmer.

„Mein Sohn und ich hatten früher eine enge Beziehung. In letzter Zeit hat er sich so einiges geleistet, was mich richtig sauer werden ließ. Von der engen Beziehung ist nichts mehr da. Wie geht man denn damit um?"

Das ist leider der Sinn der Pubertät. Dass sich Sohn oder Tochter aus einer sehr engen Beziehung mit den Eltern befreien und eigene Wege gehen muss – dank viel Rebellion.

Ab sofort wird alles auf den Kopf und in Frage gestellt. Alles kommt auf den Prüfstand.

Die Rolle des TÜV-Prüfers übernehmen unsere Teenager selbst.

Die dicke Luft, die dabei entsteht, ist Nebeneffekt der pubertär bedingten Abgassonderuntersuchung.

Die Eltern-Kind-Bindung wird nie wieder so eng sein wie früher, aber es formt sich eine veränderte und weiterhin intensive Beziehung. Sie kommen wieder und sie lieben uns genauso wie vorher. Das Bedürfnis nach Nähe mag etwas verloren gegangen sein, aber das Fass mit Liebe bleibt immer voll.

An anderen Stellen läuft es über, aber das beschreibe ich ja ausführlich in anderen Kapiteln.

Am Ende der Pubertät stehen sich gefestigte Persönlichkeiten gegenüber.

Eltern, Kinder, Kinder, Eltern.

Showdown!

Nein, es sollte friedlich abgehen, denn beide Parteien sind aneinandergewachsen und lieben was sie aneinander haben.

> *„Ich fand die Geschenke meiner Mama immer doof und hab sie abgewiesen. Sie hat sie tatsächlich alle in einen Karton gesteckt und aufbewahrt. Auf dem Karton stand die Aufschrift: ‚Pubertät!' Mit 30 Jahren habe ich diesen Karton zum Geburtstag bekommen. (Sie wollte wohl auf Nummer sicher gehen) Wir haben sehr viel gelacht. Was für eine wunderschöne Idee!"*

4

Haushalt: Sei kein Spülverderber!

„Ich habe versucht, meinem Sohn die Spülmaschine zu erklären, aber natürlich hat er nicht zugehört. Also habe ich ihm die Anleitung als YouTube-Tutorial geschickt."

„Mein Sohn hat bei uns – keinerlei Aufgaben. Das klappt eigentlich ganz gut."

Teenager sind clever, manchmal sehr clever. Die wissen genau, dass die meisten Unfälle nachweislich im Haushalt passieren. Das Risiko gehen die gar nicht erst ein.

Der Rat, dass man „im Gespräch bleiben“ solle, ist in diesem Buch fast schon ein Mantra. Das trifft aber auf das Thema Haushalt besonders zu, wo man oft „im Gespräch stecken“ bleibt, einfach nicht weiterkommt. Gerade der Haushalt birgt ein latentes Konfliktpotential. Die Aufgabenverteilung und die Frage, wer macht was, kann Anlass zu zermürbenden Dauerstreitigkeiten sein.

> *„Meine Freundin sagt mir immer, ich solle im Haushalt mehr mitdenken. Ich antworte dann immer: ‚Schatz, da verwechselst du was. Das nennt man Homeoffice.‘“ (Matthias Jung)*

Wie bekommen wir es hin, bei diesen nervtötenden Haushaltsdingen, in dieser ewigen Tretmühle entspannt zu bleiben?

Ein erster Schritt wäre, keine Dramen heraufzubeschwören. Nirgendwo bei Shakespeare kommt eine Spülmaschine vor. Erbfolgen, Thronstreitigkeiten, Vatermord – das sind Dramen. Aber nicht Mülltrennung, Abwasch, Haare im Spülbecken und falsch ausgequetschte Zahnpastatuben.

> *„Alles lassen diese Teenies stehen und liegen! Ich werde noch verrückt. Es wird sich ein Sandwich geschmiert, aber nichts wird weggeräumt. Er nimmt sich Joghurt, setzt sich ins Wohnzimmer und schaut Netflix. Alles bleibt stehen. Das Bad steht immer unter Wasser und die Handtücher kannst du zusammenknoten und bis Wanne-Eickel spannen. Ständig renne ich ihm hinterher und räume die Sachen weg. Entweder er macht sich lustig, ich sei eben sein Follower. Oder er weist mich zurück: ‚Mama, du nervst!‘“*

Unsere lieben Jugendlichen zelebrieren ihre ‚Chaos-Tage' das ganze Jahr hindurch.

Am Anfang räumt man es einfach selbst weg. Dann kann es passieren, dass es immer mehr wird. Dann heißt es, den für uns oft anstrengenderen Weg zu gehen und ihm oder ihr mitzuteilen, dass er oder sie noch was wegzuräumen hat.

Kommentarlos wird das allerdings nicht geschehen, also sollten wir uns auf einen motzigen Teenager einstellen.

Wenn diese Szene, rein theoretisch, ein Eichhörnchen beobachtet, wird es schlagartig begreifen: „Soooo mühsam ernähre ich mich also."

Ein Argument für den Teenager kann sein: „Wenn du es gleich macht, musst du nur einmal laufen und nicht unterbrechen, was du gerade machst."

Mit der Zeit werden sich die Dinge ritualisieren. Perfekt wird es nie laufen. Vielleicht räumen wir es wieder weg. Leider. Die Hoffnung stirbt zuletzt. Ihr Grab liegt am Berliner Flughafen.

Der Pädagoge Jesper Juul bemerkte: „Die Diskussion bestimmter Themen kann eine Stunde, eine Woche oder mehrere Jahre dauern, bevor man zusammen eine zufriedenstellende Lösung findet!"

Da hat er bestimmt nach einer Elternberatungsstunde zu Thema Haushalt gesagt.

Bei den vielen, immer wiederkehrenden, lästigen Haushaltsarbeiten braucht es Gelassenheit und Humor und vor allem Geduld. Beim Wäschesortieren sowie Aufhängen und Abhängen merken wir, dass in dem Wort „Geduld" das Wörtchen „dulden" drinsteckt. Niemand erduldet es gerne, tagtäglich Arbeitsflächen abzuwischen, den Tisch zu decken, zu kochen, den Tisch abzudecken, zu spülen, erneut die Arbeitsflächen abzuwischen …. Gggggrrrrr.

Und wenn dann noch all diese Aufgaben an einer Person hängen bleiben (im ungünstigsten Fall: an uns), ist das ein handfester – und nachvollziehbarer! – Grund, entnervt und verärgert zu reagieren.

Ergo: Aus reinem Selbstschutz müssen wir sogar Hilfe einfordern! Aber beobachten wir genau. Befehle im militärischen Kommandoton führen in der Regel eher weniger zum Ziel, Ausraster, wenn der Müll mal wieder überquillt, wirken kontraproduktiv. Zu rechnen ist mit Reaktionen wie: „Warum denn ausgerechnet ich? Keine Zeit, muss Hausaufgaben machen! Später, muss jetzt zum Training …"

Am besten und nachhaltigsten ist es, die Mithilfe im Haushalt wie eine Selbstverständlichkeit zu behandeln. Wir wollen unseren Kindern ja etwas fürs Leben mitgeben, und das kann auch gerne mal die Mülltüte sein …

Erledigungen auf „Zuruf" sind eine gute Überrumpelungstaktik. Dem Junior beim Rausgehen einfach mal spontan den gelben Sack zuwerfen (als sei er Tom Brady, der Quarterback von den New England Patriots) – er fängt ihn reflexartig, garantiert, und bringt ihn stolz in die Mülltonnen-Endzone vorm Haus.

Bei Mädchen mag das etwas schwieriger sein. Vielleicht beim Werfen des Sacks rufen: „Beweise, dass auch Mädchen fangen können!"

Ist das gendergerecht? Spielen Frauen American Football? Es gibt zumindest männliche Cheerleader. Alles gut!

„Wenn ich Hilfe brauche, bekomme ich sie auch. Vielleicht nicht immer gleich und sofort, aber nachdem die Freunde nach Hause gegangen sind. Ich selbst kann und will allerdings

auch nicht immer direkt reagieren und Sachen auf Befehl erledigen."

Man muss nicht nur den Müll trennen, sondern auch die Begrifflichkeiten. Ich habe keine Kinder, *damit* sie mir den Haushalt machen. Dafür sind erst mal schon wir Erwachsenen zuständig.

Mit drei Jahren möchten Kinder die Spülmaschine einräumen, weil sie sich in diesem Alter alles zutrauen. Meine Tochter zum Beispiel angelt einen Teller aus der Spülmaschine und schaut, wie schnell Papa sprinten kann. Sehr schnell, aber nicht schnell genug, denn kurz vor Rettung des Tellers mit einer legendären „Becker-Hechtrolle", landet das Porzellan scherbenreich auf dem Boden. Beim nächsten Mal werde ich schneller sein.

Lassen wir sie ruhig ausprobieren und sagen nicht gleich: Lass das mal lieber den Papa oder die Mama machen, weil ein Teller zerbrechen könnte. Lieber Daumen drücken und hoffen, dass alles gut geht, und dann aber verdammt stolz auf unsere Wonneproppen sein!

Ist die Phase des Kleinkindalters vorbei, hat es sich sowieso erst einmal ausgeräumt. Spätestens in der Pubertät stehen Aufräumen und Ordnung-Halten nicht mehr auf der Prio-Liste der Teenies.

„Ich fand, die Kinder sollten ihre nicht ausgelöffelten Joghurts wieder zurück in den Kühlschrank stellen. Das war ein harter Kampf gegen das Verfallsdatum."

Von Putzplänen und ähnlich bürokratischen Maßnahmen bin ich kein Fan. Die Weichen müssen vor der Pubertät gestellt sein. Es sollte klar sein, dass man sich in der Familie nicht nur respektiert, sondern gegenseitig hilft und für ein funktionierendes Miteinander jeder mit anpackt. Schon von klein an können wir unsere Kinder mit Haushaltsaufgaben betrauen, ohne Zwang, ganz spielerisch, und zwar solchen, die sie auch bewältigen können und sie (und uns) nicht überfordern (es muss ja nicht gerade das Einräumen der Spülmaschine sein).

Dinge, die schon „immer so gewesen" sind, werden nicht diskutiert. Warum sollen die Kinder nicht wissen, wie man eine Waschmaschine bedient, wie man Wäsche faltet, das Waschbecken putzt?

Naja, seien wir ehrlich: Es wird trotzdem oft diskutiert. Haushalt halt.

> *„Die Eltern stemmen den Haushalt, das ist klar. Aber die Kinder können ab und an unterstützen. Es ist schön, wenn sie mithelfen. Es kann sogar Spaß machen, ein Projekt wie den großen Frühjahrsputz zusammen zu erledigen."*

Ganz ehrlich: Meine Mutter hat in Sachen Haushalt alles, absolut alles allein gemacht. Ich habe nie geholfen, meine Mutter wollte das gar nicht. In meinen Augen hatte sie einen Putzfimmel. Sogar das Vogelhäuschen hat sie feucht durchgewischt. Dennoch habe ich später, in meiner Studentenbude, relativ schnell rausbekommen, wie man den Müll entsorgt und das Geschirr spült. Dazu brauchte ich keine langjährige Mutti-Ausbildung. Das habe ich auch ohne Vorkenntnisse geschafft.

Deshalb ziehen solche Argumente wie: „Mein Kind muss helfen, damit es etwas für später lernt", nicht wirklich. Allerdings ist jede Familiensituation anders. Kinder einer voll berufstätigen oder alleinerziehenden Mutter sind sicherlich mehr gefordert, damit das Alltagsleben funktioniert.

„Ich bin alleinerziehend und arbeitsbedingt zwölf Stunden außer Haus. Wenn ich dann noch komplett den Haushalt schmeißen und einkaufen gehen müsste, käme ich nicht mehr zum Schlafen.“

In der Not helfen selbst Teenager, denn es sind und bleiben im Kern soziale Wesen. Obwohl ihre Zimmer so aussehen, als würden Aliens mit Kleidungsstücken und Essensresten experimentieren.

„Ich hatte einen Meniskusschaden und bin einige Wochen komplett ausgefallen. In dieser Zeit hat meine 17-jährige Tochter alles für mich gemacht. Da hätte ich vorher keinen Euro drauf gewettet!“

Jugendlich haben ein Gespür dafür, wenn sie die Spülmaschine nur ausräumen sollen, weil Papa gerade selbst keinen Bock hat, oder aber ob Mama alle Hände voll zu tun hat, am Rädchen dreht und wirklich Hilfe braucht. Das kriegen sie mit, und sie handeln entsprechend – wir müssen es ihnen aber zutrauen.

Ansonsten sind Teenager in diesem Alter eher mit anderen Dingen beschäftigt: Hormone, Schule, Hormone in der Schule, erste Liebe, Freunde, Party, Hormone auf der Party, Styling, Klamotten, Hormone in Klamotten … „Haushalt“ steht leider nicht auf dieser Liste.

„Er kommt erst gegen 17 Uhr aus der Schule, und ich bin froh, wenn er dort seine Sache gut macht. Das ist anstrengend genug. Er hat ansonsten keine festen Aufgaben. Hier und da muss er natürlich mit anpacken, zum Beispiel Mineralwasserkästen hochschleppen, das kann ich gar nicht. Aber das ist dann auch schon alles.“

Ganz genau – der Job der Kinder ist zuallererst die Schule bzw. die Ausbildung.

Oft machen wir uns den Stress auch selbst. Was wir durchaus von den Teenies lernen können: Ruhig mal Fünfe gerade sein lassen!

> *„Morgen kommen Oma und Opa zu Besuch, wir müssen noch sauber machen. Alle Mann an die Schrubber!“ – „Chill mal, Mama. Putzen lohnt sich doch erst, wenn alle wieder weg sind.“*

Wenn du willst, dass Dinge unbedingt getan werden – dann tue sie im Zweifelsfall selbst! Wenn dir Dreck ins Auge springt – dann mache ihn kurzerhand selbst weg. Belästigen wir andere nicht mit unseren Putz- und Waschzwängen. Das Fass muss man nicht aufmachen. Daran scheiterte schon so manche Ehe.

Hey! Es ist nicht schlimm, wenn es einmal nicht funktioniert. Irgendwann wird der Eumel seine dreckige Wäsche in den Wäschekorb geräumt haben. Das ist zwar nur so wahrscheinlich wie eine volle Regentonne in der Sahara, aber es wird passieren, es wird passieren, es wird passieren, oooommmmm.

> *„Viele Hände, schnelles Ende. Hat meine Oma immer gesagt.“ – „Häh? Habe ich das nicht als Werbespruch des örtlichen Swinger Clubs gelesen? Hähähä.“ – „Steffi, der Junge surft zu viel im Internet!“*

Wenn ich Hilfe brauche, weil ich krank oder unter Zeitdruck bin, dann frage ich meine Kinder freundlich, ob sie mir schnell helfen können – und sie helfen von ganz allein und freiwillig, weil sie wissen, dass sie mich damit unterstützen, nicht weil ich es von ihnen erwarte.

Ich bin aber auch nicht enttäuscht über ein „Nein“ von ihnen, denn auch bei ihnen gibt‘s Situationen, wo es gerade nicht passt. Das wird sachlich kommuniziert und niemand macht ein Drama draus.

Hat Shakespeare schließlich auch nicht!

Akute Situationen

> *„Mein Sohn vergisst regelmäßig, nach dem Fußball seine Sporttasche auszupacken. Ich habe es ihm schon tausend Mal gesagt, der Gestank ist unerträglich. Fehlt nur noch, dass die Anwohner aufgefordert werden, Türen und Fenster geschlossen zu halten.“*

Wahrscheinlich hat er es einfach wieder mal „vergessen“ … Dieses Phänomen können wir im entsprechenden Kapitel „Vergesslichkeit“ nachlesen. Am liebsten möchten wir unseren Nachwuchs allerdings beuteln und in den Shakespeare-Modus schalten: „Waschen oder nicht waschen? Das ist hier die Frage! Wahrlich ein Sommernachtsalptraum!“

Doch wir bewahren die Ruhe. Und öffnen alle Türen und Fenster und sorgen mit Durchzug für atembare Luft. Oder hoffen darauf, dass der Junge von selbst etwas bemerkt und den Inhalt der Tasche in die Wäsche gibt. Oder darauf, dass Diebe durchs offene Fenster steigen und die Tasche stehlen.

Vielleicht denkt unser sportlicher Teenie ans Auspacken, wenn wir ihm einen Wäschekorb in ein Zimmer stellen. Dann kommt der Gestank erst gar nicht so weit (und das Radio kann ungestört die saubersten Hits der 70er, 80er, 90er und von heute dudeln).

Ich persönlich habe eine eigene Strategie für den Umgang mit Schmutzwäsche entwickelt, und zwar lege ich getragene Hosen und T-Shirts über einen Stuhl. Mittlerweile haben sich da einige Wäschestücke angesammelt. Meine Freundin hat letztens ein T-Shirt von ganz unten herausgezogen. Darauf stand: „Grönemeyer 95".

Sie empfahl mir eindringlich, die Sachen zu waschen und in den Schrank zu räumen. Wozu hätten wir schließlich den schönen, großen Kleiderschrank?

Da bin ich natürlich lernfähig. Jetzt steht mein Stuhl im Schrank.

Mahlzeit? Fütterungszeit!

„Wir essen abends immer zusammen. In letzter Zeit kommt er nicht mehr aus seinem Zimmer raus, er habe keinen Hunger, wir mögen ihn nicht nerven."

Was ist unser Erwartungshorizont? Dass wir bei Familienmahlzeiten schön zusammenkommen und den Tag Revue passieren lassen? Dieses traumhafte Bild ist eigentlich ein frommer Wunsch, der wahrscheinlich der Werbung entnommen ist. Denn nicht jeder Tag ist Miraculi-Tag. Nebenbei bemerkt, würde die Mama auch nicht mehr vor die Haustür treten, um sie zum Essen zu rufen. Da käme keiner. Vor die Zimmertür stellen wäre realistischer.

Teenager denken anders. Auf solche Familiengespräche haben sie keine Lust (mehr) – oder habt ihr mal einen Teenager sagen hören: „Können wir bitte um 18 Uhr alle zusammen essen und ein wenig über meinen Tag quatschen? Ihr könnt doch auch mal wieder fragen, wie es in der Schule war."

Über unseren Tag reden tun ja nicht mal wir Eltern! Also bitte realistisch bleiben. Wenn es ein Essen für alle gibt, geben wir den Teenies Bescheid, aber dann dürfen sie die Wahl haben. Ein Brot kann er oder sie sich später selbst machen, da müssen ihm seine Erzeuger nicht immer wortwörtlich die Butter aufs Brot schmieren. Also: Nicht ärgern, nur wundern! Ein Teenager hat zu anderen Zeiten Hunger.

> *„Mein Sohn hat drei Jahre lang seine Hauptmahlzeit zwischen 22 und 1 Uhr zu sich genommen. Gemeinsame Zeit hatten wir trotzdem immer. Dann haben wir uns schnell Smoothies gemacht. Ich esse ja auch, wenn ich Hunger habe, und nicht, wenn die Uhr eine bestimmte Zeit anzeigt."*

Es ist schön, wenn man Rituale aus der Kindheit weiterführen kann. Man darf während der Pubertät allerdings nie vergessen, dass Teenager zunehmend eigene Wege gehen und auf (in dieser Zeit so empfundene) „Fremdbestimmung" sehr empfindlich reagieren. Auch haben sie ein anderes Essverhalten und ein Hungergefühl, das sich erst später am Abend bemerkbar macht. Wir sollten wirklich niemandem diktieren, wann er hungrig zu sein hat.

> *„Meiner hat nachts einen Riesenhunger. Dann isst er aber nicht, er schreddert!"*

> *„Mein Sohn frisst mir die Haare vom Kopf. Und das ist als Vater mit Glatze echt grausam. Er saugt Nahrung ein wie ein Staubsauer. Kaum ist was im Kühlschrank, ist es schon wieder weg. Das sind Dimensionen. Der isst das komplette Catering der Pro 7 „Topmodel"-Staffel in einer Nacht.*

Lösung: Sie brauchen einen begehbaren Kühlschrank.

Mit der Zeit wird alles erwachsen am Teenager – und dazu gehört auch der Appetit. Gerade bei diversen Wachstumsschüben führt der Weg oft Richtung Küche. Sie essen übrigens in der Regel nur, wenn sie Hunger haben.

Den haben sie meist nicht zu unseren Mahlzeiten. Das kann in der Nacht sein. Das kann am frühen Morgen sein. Lässt sich so ein Kühlschrank eigentlich mit einer Zeitschaltuhr sichern?

> *„Wir waren neulich beim Brunch, da hatte unser Sohn so viel auf vor sich auf den Tisch geladen, dass sich die Gäste bei ihm angestellt haben."*

Wenn ihr junger Teenager dann mit 12 Jahren erstmal in die Breite geht, ist das also nicht verwunderlich. Dann nicht direkt die Mutter-Kind-Kur buchen, sondern kurz abwarten. Denn oft folgen nach 20 Kilo 20 Zentimeter. Teenager wachen erst in die Breite und dann in die Höhe. Also immer auf den Wachstumsschub hoffen. Ich warte auch noch darauf – 2 Meter 36 zu werden.

Haben wir für dieses Kapitel ein Fazit (außer unserem generellen „Chill mal"-Mantra)?

Die Frage des Helfens im Haushalt sollten wir nicht eskalieren lassen. Irgendwann muss jede und jeder einen Haushalt führen. Das muss man nicht trainieren oder einüben. Es gibt Eltern, die als Kind viele Pflichten im Haushalt erledigen mussten und deshalb kaum Zeit für sich und ihre Freunde hatten. Diese Eltern sind heute genauso gut oder schlecht in ihrer Haushaltsführung wie Anfänger in Sachen Staubentfernung, Duschwannenreinigung und Besteckeortierung.

Denken wir an die Teeküchen in Firmen, Betrieben und Büros. Warum sieht es da immer aus wie Schwein?

Obwohl es ein Leichtes wäre, seine Tasse kurz zu spülen und wegzuräumen?

Faulheit? Vergesslichkeit? Kindheitstraumata?

Etwas ist faul im Staate Dänemark! Oh, halt, es ist nur der Kühlschrank. Sorry.

„Mein Sohn muss nichts machen. Aber nichts heißt nicht NICHTS. Er räumt das Geschirr in die Spülmaschine, seine dreckige Wäsche in die Wäschetonne und bringt den Müll raus. Das ist komplett normal, vollkommen selbstverständlich und er kennt seit 38 Jahren nichts anderes …"

Schlaue Sätze aus der Pubertät oder: „Der Letzte macht das WLAN aus."

Auch mal Fehler machen: Wer Umwege macht, lernt die Gegend kennen.

Sehe ich in meinem Kind nur das Negative und mache es zum Schuldigen, hat es wenig Grund, diesem Bild NICHT zu entsprechen.

Es gibt Menschen, die reden ohne Punkt und Komma. Schweigsame Teenager genießen die Gedankenstriche.

Das kleine Kind möchte bitte aus der Pubertät abgeholt werden.

Pubertät ist auch mal Aushalten.

Es gibt kein richtig oder falsch. Es gibt nur Vereinbarungen.

Wenn man das neue WLAN-Passwort außen auf die Fensterbank klebt, erhöht sich die Chance, dass mal gelüftet wird.

> *„Du kannst deinen Kindern deine Liebe geben, nicht aber deine Gedanken. Sie haben ihre eigenen!"*
> (Khalil Gibran)

5

Morgenstund hat Stress im Mund: Wecken und Aufstehen

„Der Fön läuft seit 20 Minuten, aber die Zähne sind noch nicht geputzt, die Schultasche ist noch nicht gepackt. Nur die Haare sind wichtig. Der Bus geht ja erst in 5 Minuten, und ich bin schließlich auch noch da. Wo ist mein Handy, wo ist das Ladekabel, wo sind die Kopfhörer, wo die Schlüssel und wo ist die verdammte Busfahrkarte? Na klar, Mama hat sie versteckt. Überhaupt, Mama ist schuld!"

„Oh ja, das kenne ich. Während unser Großer sich morgens wie Flash aus Zoomania in Zeitlupe fertig macht, rennt unsere Tochter hektisch die Treppe rauf und runter und verbreitet Stress. ‚Maaaaamaaaa ... Wooo ist mein Lieblingspulli?' (Er ist in der Wäsche ...). ‚Mama, die Schuhe passen nicht zu dem anderen Pulli! Und mein Tablet ist nicht aufgeladen. MAAAAAMAAA"'.

„Kennt ihr das Teenager-Echo? Das ist anders als das Alpen-Echo. Ständig muss ich zur Eile mahnen: ‚Bist du so weit? Kommst du?', und stets antwortet das Echo: ‚Gleeeeich!"'

Das übliche frühmorgendliche Drama, ewig grüßt das Murmeltier. Hormontsunamis verwüsten die Wohnung, schlecht für unser eigenes Nervenkostüm, oder wie es eine Teenagermutter es auf den Punkt bringt: „Morgens halb zehn in Deutschland. Scheiß aufs Knoppers, eigentlich bräuchte ich erst mal 'nen Schnaps!" Das ist natürlich überspitzt formuliert, das würde keine Mutter sagen – ein schöner Weißwein oder Rosé sind auch okay.

> *Was man nicht sagen sollte: „Wenn das so weiter geht, falte ich dich zusammen und stopfe dich in die Babyklappe!"*

Aber der Reihe nach. Erst mal schlage ich mich sogar auf die Seite des Teenagers. Die haben es nämlich mit dem Schlafhormon Melatonin zu tun, wodurch sie zwei Stunden später müde werden und morgens auch erst zwei Stunden später fit sind. Wenn sie um 6 Uhr für die Schule geweckt werden, ist es eigentlich erst 4 Uhr. Also mitten in der Nacht. Und da wäre ich auch nicht unbedingt der Bestgelaunteste.

Verrückt ist, dass das mittlerweile kein Geheimnis mehr ist, sondern wissenschaftlich belegt. Nur die Politiker aller Bundesländer glauben weiterhin, dass es besser sei, die Schule möglichst früh beginnen zu lassen – nach dem Motto: „Der frühe Vogel fängt den Wurm"? Oder aus Angst vor Pisa? Oder weil die Schule sich sonst in den Nachmittag zieht, der mit Musikunterricht, Nachhilfestunden und Tennis voll verplant ist?

Jedenfalls, im europäischen Vergleich fangen deutsche Schülerinnen und Schüler am allerfrühesten an, auch wenn erwiesen ist: „Der frühe Vogel chillt lieber noch eine Runde." Das haben sie in Skandinavien längst kapiert und es funktioniert dort sehr gut.

Solange es bei uns noch nicht so weit ist: Wie bekommt man einen Teenager geweckt?

Sprühflasche mit Wasser, Klassikradio oder jüngere Geschwisterkinder (bis zu einem gewissen Alter Extrem-Frühaufsteher) sind gute Methoden. Die „Playsi"-Konsole zärtlich in die Hand legen wirkt eigentlich immer.

Auch Tiere (Hunde) können erfolgreich eingesetzt werden, um beim Teenager aus schlechter Laune gute zu machen. Wer kann schon einem Pelztier böse sein, das einem liebevoll übers Gesicht schleckt?

> *„Tür auf, Hund rein, Teenie raus, gut gelaunt, Hund schläft – läuft!"*

Meistens sind es jedoch ganz klassisch die Mama oder neuerdings (seit den 90ern) das Handy, die als Wecker dienen. Meine Meinung: Die Teenager sollten sich aussuchen dürfen, von wem sie geweckt werden wollen, egal, ob Handywecker oder Elternauftritt, dann aber liegt es in ihrer Verantwortung, sich aufzurappeln.

Denn das machen wir nicht mit:

> *„Lass mich noch snoozen, Alter, komm in zehn Minuten wieder!"*

Wir sind Eltern, und wir besitzen keine Schlummertaste, die der Teenager nach Lust und schlechter Laune drücken kann.

Es nützt ja nichts, irgendwann müssen sie raus aus den Federn, wenn aber nicht, dann müssen sie die Konsequenzen spätestens in der Schule tragen. Wenn sie zu spät kommen, haben sie Stress mit dem Lehrer. Denn was sollen sie zu ihrer Entschuldigung vorbringen?

> *„Tut mir leid, mein Vater hat verschlafen."*

Jetzt mal angenommen, der Teenie ist irgendwann aufgestanden und stresst durch die Wohnung. Ist nach unserem Dafürhalten mit Allem zu spät dran. Mault rum und versprüht seinen Charme. Und dann das tägliche Wunder: Immer schafft er es dennoch rechtzeitig zur Schule.

Ich denke manchmal, Teenager brauchen diese Hektik einfach. In dieser timing-sensiblen Zeit der Pubertät entwickeln sie ihren eigenen Rhythmus, der zugegeben leider nicht unbedingt der unsrige ist.

> *„Jeden Morgen die gleiche Verzweiflung! Mittlerweile ist es aber etwas besser geworden … Ich frage allerhöchstens, ob ich was helfen kann, ansonsten sage ich nichts, gehe meiner Tochter aus dem Weg und versuche den Stress auszuhalten. Das funktioniert nicht immer, aber es ist eine Möglichkeit."*

Idealerweise hat man seinen Kindern natürlich von klein auf vermittelt, den Ranzen für den nächsten Schultag bereits abends zu packen. Denn, ja, Erziehung findet leider VOR der Pubertät statt. Jesper Juul bringt es folgendermaßen auf den Punkt: „In der Pubertät lehnen wir uns zurück und begutachten die Früchte unserer Erziehung."

Die kommen mir gerade morgens eher wie Fallobst vor.

Wir hätten demnach nichts weiter zu tun, als uns in den hektischen Minuten des Morgens mit einer Survivaltasse Kaffee strategisch günstig am Küchentisch zu platzieren, Präsenz zu simulieren und uns ansonsten nicht in das morgendliche Drama hineinziehen zu lassen. Wir haben beste Plätze für dieses Schauspiel, eine prima Sicht auf das Geschehen, und die Rolle des Zuschauers genügt uns vollkommen.

Gut, ein Hauch von Kasperletheater ist immer dabei. Mimen Sie ruhig auch mal Enthusiasmus und schmettern Sie ihren

Bälgern gerne ein: „Ich hab dich ganz doll lieb, Krümelchen!", hinterher.

Irgendwann sind sie zur Tür hinaus, kehrt Stille ein, und Sie und alle anderen etwaigen Mitbewohner (Hunde eingeschlossen) können aufatmen.

Wenn auch oftmals durch dicke Parfüm- und Deowolken hindurch, die Teenager hinter sich herzuziehen pflegen.

Es soll Muttis geben, die sich nach diesem Schauspiel erst mal wieder zu Bett begeben. Und solche, die einen Job annehmen, der extra früh beginnt, um ihm von vorneherein zu entgehen. Wenn es Ihnen so vorkommt, als tauchten immer mehr Pubertätseltern im Bäckergewerbe auf, sind Sie nicht paranoid, sondern kennen jetzt den Grund dafür.

Sollten unsere Teenager aber mal den Bus verpasst haben, kann man seinem elterlichen Helfer- und Beschützerinstinkt selbstverständlich ausnahmsweise mal nachgeben. Aber lassen Sie das nicht zur Gewohnheit werden! „Mama, kannst du mich fahren!" Nee, irgendwann nicht mehr. Es sei denn, Sie können sich als Chauffeur für verpeilte Schüler was dazu verdienen.

Das morgendliche Shakespeare-Drama *Viel Lärm um nichts!* gehört zum Standardrepertoire der Pubertät. Teenager studieren ihre Abläufe ein und proben, wie sie am Morgen am besten mit sich klarkommen. Bleiben Sie bei Ihrer Zuschauerrolle, wenn es wieder mal heißt: „Mama, du nervst!" Wir mischen uns nicht ein. Wir regen uns nicht auf. Wir sind passiv präsent. *Ommmmm …*

Bis irgendwann, da bin ich sicher, das Wunder geschieht:

> *„Mein Kind, es ist 15, sitzt grad fertig angezogen, geschminkt und mit gepackter Schultasche am Küchentisch. Aber gehen*

muss es erst in fünf Minuten. Ich bin ganz irritiert, habe ich etwas richtig gemacht?"

Sollten Ferien sein, gelten natürlich andere Regeln. Die oberste lautet: schlafen lassen!

Es gibt keinen Grund, jemanden zu wecken, der nicht zwingend aufstehen muss. Gehört eigentlich ins Familien-Grundgesetz: „Die Schläfrigkeit des Menschen ist unantastbar!"

„Das Wecken unter der Woche grenzt, so hat es den Anschein, fast schon an Körperverletzung. Im Ernst... wir alle lieben es doch, auszuschlafen, dafür sind Ferien schließlich auch da. Ich weiß noch, wie ich es früher immer gehasst habe, wenn meine Mutter in mein Zimmer kam, um mich aus den Federn zu holen. Ich würde das meinen Mädels niemals antun. In den Ferien dürfen sie schlafen, solange sie wollen."

Zum Ausklang noch ein Happen Wissenschaft:

In der Schlafforschung unterscheidet man zwischen den Eulen und den Lerchen.

Die Lerchen sind morgens stets pünktlich, frisch und gut gelaunt, die Eulen dagegen sind muffelig, schlecht gelaunt und hundemüde, machen alles auf den letzten Drücker. Jeder ist, auf diese einfache Wahrheit lässt sich das runterbrechen, so, wie er ist. Man kann nicht raus aus seinem Federkleid bzw. seiner Haut.

In der Pubertät kann man bei den Teenagern allerdings noch einige andere Phänomene beobachten, die man aus der Vogelwelt kennt: Häufig sind sie Schmutzfinken, sehen sich als Unglücksrabe und sind selten ein Spaßvogel. Dazu kommt es infolge der körperlichen Veränderungen zur Disproportion zwischen Body und Spatzenhirn; Teenager markieren oft den Pleitegeier und werden abends mitunter zum Schluckspecht. Mein lieber Schwan! Und dazu haben sie noch Rabeneltern. Zum Kuckuck nochmal!

> *„Ich bin ein furchtbarer Morgenmuffel. Die Tochter ist ein furchtbarer Morgenmuffel. Und weil weder sie noch ich unseren Tag mit anmaulen und/oder schlechter Stimmung beginnen wollen, wecke ich sie zwar, lasse sie dann aber in Ruhe. Und sie im Gegenzug mich. Ich trinke meinen Kaffee, sie macht ihr Ding, ich sage ab und an lediglich Uhrzeiten an, damit sie sich nicht verheddert."*

6

Jogginghosen: Der Style ist ungeil

„Mein Sohn geht mit Jogginghose in die Schule. Ich finde das total unpassend."

„Wer eine Jogginghose trägt, hat die Kontrolle über sein Leben verloren."
(Karl Lagerfeld)

„Auch Erwachsene tragen gerne Jogginghosen, vor allem, wenn sie joggen. Wahrscheinlich meinen sie, sie müssten ihre Hosen einlaufen."

Uns Eltern macht es rat- und sprachlos, wenn die Kinder im Winter Sneakers mit Sneakersöckchen tragen oder dicke Kapuzenpullis im Sommer. Lederjacke zu Baggy Pants, Kleidchen zu Stiefeln, Cargohosen zum Muskelshirt – und zu allem Überfluss feiern weiße Tennissocken ein Comeback. Hilfe!

Teenager probieren aus – Grenzen, sich selbst, ihren Style. Sie nabeln sich ab und achten darauf, sich nur ja von den Erwachsenen abzuheben. Sie suchen eigene Wege, ihr internes Styling-Navi gebietet ihnen: „Sie haben Ihr Ziel erreicht, wenn Sie auf keinen Fall so aussehen wie der Vatter!“ Und die Zeit-zum-Waschen-App funkt: „Bitte wenden!“ Und also wird wie wild ausprobiert. Zum Beispiel Jogginghosen in der Schule.

> *„Würdest du in diesem Schlabberlook etwa auch heiraten?“ „Nein, da trage ich einen maßgeschneiderten schwarzen Jogginganzug.“*

Geben sie auf diese Weise auf der einen Seite zu verstehen: „Ich bin ein unabhängiges, selbständiges Individuum“, so sehr eifern sie auf der anderen Seite den Eltern auch nach. Vor allem weibliche Teenies tragen gerne die Klamotten ihrer Mütter. Wir Jungs wären damals wahrscheinlich nicht auf den Gedanken gekommen, die Feinripp-Unterhemden unserer Väter aufzutragen. Aber heute begegnet man diesem Modehighlight bei Teenies durchaus regelmäßig.

Lassen wir die Jugendlichen einfach machen. Die Stylingvorbilder ändern sich unter Umständen so schnell, dass wir Eltern verwirrt zurückbleiben.

> *„Sag mal, bist du letzte Woche nicht als Gruftie rumgelaufen?“ „Ach, Mami, da war doch Karneval!“*

Mit dem Styling probieren sie ihre Persönlichkeit aus. Sie laufen mit den in unseren Augen unpassendsten Klamotten rum und beobachten die verschiedenen Reaktionen. Sie variieren den Kleidungstil, um schlicht zu prüfen, was ihnen steht und was nicht. Dass T-Shirts und Flipflops im Winter nicht richtig sind, werden sie auch irgendwann gelernt haben.

„Auch wenn die Zehen halb erfroren sind: Kritik und Diskussion bringen nichts, sondern stacheln die Teenager eher noch an. Irgendwann ziehen sie im Winter Handschuhe und Jacke freiwillig an und bringen in Erdkunde eine 2 nach Hause. Dabei hatte ich schon gedacht, sie würden glauben, wir lebten in der Karibik."

Natürlich kann man zu den diversen Looks mal seine Meinung sagen, aber keinesfalls würde ich da ein Fass aufmachen. Da hätte man bald eine komplette Brauerei zu Hause.

„Sich in seinen Klamotten wohl zu fühlen, scheint mir das Wichtigste, wo es in der Pubertät doch schon so schwer genug ist, sich in seiner Haut wohlzufühlen."

„Wir sind früher als Punks rumgelaufen. Die gibt es kaum noch. Als wir letztens welche am Bahnhof sahen, hielt mein siebenjähriger Sohn sie für Pokemons."

Angesichts von Boy George und Madonna in unserer Jugend schmerzt es uns vielleicht, dass das Flippige heutzutage keine Konjunktur mehr hat. Es gibt Eltern, die sich beklagen, dass die Jungs und Mädels alle so adrett und uniform wirken. Nun, sie wollen sich eben absetzten von uns. Und wenn sie denn Bankkaufleute werden, ist das ein Beinbruch?

„Wir finden nicht alles gut, was unsere Kinder gut finden. Und das ist letztlich auch der Auftrag der Pubertät: Sie dient dazu, dass die Kinder ihren Weg finden. Wir können

glücklich sein, wenn es ihnen gut geht. Hindern wir sie nicht daran, sich frei zu entfalten."

Mittlerweile ist das Tragen von Jogginghosen in Schulen übrigens oft verboten. An solche Dresscodes muss man sich natürlich halten. Menschen nach dem Aussehen zu beurteilen, finde ich nie richtig. Wir und auch unsere Teenager haben so viele Probleme (einige davon miteinander), da kann man eine „Beintuchdiskussion" ruhig vernachlässigen.

„Es gibt genug Regeln im Leben. Eine Jogginghose ist mir die Diskussion nicht wert. Meine Tochter ist ein eigenständig denkender Mensch und hat ihren eigenen Geschmack – und das ist auch gut so! Sie muss sich in ihrer Kleidung wohlfühlen. Das ist das einzige, was zählt."

„Eine Jogginghose oder was auch immer macht Teenies nicht zu schlechten Menschen, und der Spruch ‚Kleider machen Leute' ist in meinen Augen völliger Schwachsinn. Man kann auch im Sakko ein Arschloch sein."

Letzten Dienstag, in der Pubertät

„Meine Tochter kam letztens nicht ins Internet. Habe ich sie gefragt: ‚Na, hast du ein WWWehchen?'"

„Mein Sohn hat seine Schmutzwäsche in den Wäschekorb gelegt. Das war seit langer Zeit das erste Mal, drei Strampler von ihm waren dabei."

„Mein Sohn hat vielleicht Schimpfwörter drauf! Ob er die vielleicht aus der Schule habe? ‚Nein, von Papa, nach seinem Anruf bei der IKEA-Hotline.'"

„Es gibt jetzt Hosen, die man bis unter die Achseln zieht. Meine Tochter fragte mich, was für ein Oberteil ich dazu passend fände. Ich meinte, eine Serviette würde reichen."

„Mein Sohn wollte so eine ganz enge Hose haben, eine ‚skinny Jeans'. Oma hat sich nur ‚eng' gemerkt und kam zum Geburtstag mit einer Leggins an. Die Freude war grenzenlos."

7

Fahren und gefahren werden: Miss Teenie und ihr Chauffeur

„Ich fahre meine Tochter zum Tanzen, außerdem zu ihrem neuen Freund, ab und zu auch in die Schule. Ich mache das gerne! Aber meine eigene Zeit ist dadurch arg eingeschränkt. Was kann ich tun?"

Singen! Nachdem meine Mutter einmal im Auto vor meinen Freunden Roland Kaisers *Santa Maria* gegrölt hatte, brauchte sie mich nicht mehr zu fahren. Ich stieg ganz schnell aufs Rad um. Weil sie mich aber chauffierte, dachte meine Mutter über die Anschaffung eines Tandems nach. Ich dachte an *Santa Maria* hinter mir und fuhr mit dem Bus. Vor dem Einsteigen fragte ich den Busfahrer, ob er gerne Roland Kaiser höre.

Ein lästiges Thema: „Hotel Mama" mit Limousinen-Service. Wir sollten im Eigeninteresse abwägen: Wann ist es wirklich nötig, dass wir Kinder mit dem Auto von A nach B (und meist wieder von B nach A) bringen? Fahrrad und öffentliche Verkehrsmittel sind immer eine Alternative. Teenager sollten wissen, wie sie ein Ticket am Fahrkartenautomaten bekommen und welches das richtige ist, und sie sollten einen Fahrradschlauch flicken können, mindestens! Das ist Erziehung zur Selbständigkeit.

Ich lese Interviews mit Fußballstars, in denen sie ihren Eltern danken, dass sie sie immer gefahren haben. Nun gut, in ländlichen Regionen ist das vielleicht unabdingbar. Da fahren die Busse so selten, dass vier Kilometer Entfernung für Teenager-Paare eine „Fernbeziehung" definieren.

Vielleicht richten wir mit anderen Eltern einen Fahrdienst ein. Keinesfalls sollte es dazu kommen, dass wir unseren kompletten Tag nach den Bedürfnissen unserer Teenager ausrichten. Hier müssen Kompromisse her, daher: raus aus der Bequemlichkeitsfalle, lieber Teenager.

> *„Bis er 18 war, fuhr ich meinen Sohn zur Arbeit, obwohl bei uns um die Ecke eine S-Bahn-Station ist. Jetzt sehe ich, er schafft es ja ganz prima mit den Öffentlichen. Hätte man das früher gewusst …"*

Etwas anderes ist es, wenn unsere Teenager ausgehen, ins Konzert, in die Disko, auf Partys. Dann fahren wir natürlich gerne. Wir würden uns ansonsten zu viele Sorgen machen – und, wer weiß, auch machen müssen. Die Mischung aus Selbstständigkeit, Hilfe anbieten und Absprachen einhalten macht's. Aber man muss konsequent sein.

„Ich fahre dich gerne. Aber dann halte dich an die Zeiten. Rumkommandieren, wann es dir passt, geht nicht!"

8

Ausgehen – Wenn die Nacht zum Mittag wird

Stundenlang hocken sie auf der Bude und zocken bis in die frühen Morgenstunden – und nach dem Aufstehen das gleiche Procedere von vorn. Aber diese Teenager sind wenigstens zu Hause. Man weiß immer, wo sie sind. Andere stecken ihr Köpfchen aus dem Fenster, wittern den Duft der großen, weiten Welt und möchten was erleben. Die Kumpels und das andere Geschlecht locken sie nach draußen.

Die Gretchenfrage lautet: Wie lange darf Gretchen draußen bleiben? Hier kommt wieder der Faktor Vertrauen ins Spiel, der so schwer zu handhaben ist.

„Mit 16 hatte meine Tochter keine Ausgangssperre mehr."

Das hört man oft von Eltern und ich denke auch, dass es ab zirka 16 Jahren möglich ist, Jugendliche frei entscheiden zu lassen, wann sie nach Hause kommen. Gewisse Informationen sollte man sich selbstverständlich unbedingt immer geben lassen: Wohin geht es, wie lange und mit wem? Per Handy lässt man sich über spontane Ortswechsel informieren. Im Zweifelsfall bleibt man den ganzen Abend auf Empfang.

„Solange ich weiß, wo er ist und mit wem er unterwegs ist, ist alles okay. Dann kann er auch bis zum Morgengrauen weg sein, dann kann ich ruhig schlafen – denn ich weiß, er bringt Brötchen mit."

„Um 22 Uhr bekam ich eine WhatsApp, ob es okay sein, wenn er noch eine Netflix-Serie mit seinem Kumpel zu Ende schauen könne. Ich sagte ja. – Hätte wissen sollen, dass die Serie mehrere Staffeln hat – es sind acht – , ich denke, ich kann ihn im nächsten Sommer zurückerwarten."

Natürlich sollten wir differenzieren und auf Folgendes achten: Wie alt ist der Teenager? Wo geht's am Wochenende konkret hin? Bei Konzerten wissen wir automatisch, es könnte später werden. Da muss immer mal wieder neu verhandelt werden, unsere Kinder werden größer, und wir müssen lernen, die Leine langsam länger zu lassen. Auch wenn die Sorgen bleiben.

Kaum eine Mutter kann gut schlafen, wenn sie weiß, ihr Kind ist unterwegs.

Interessant ist, dass das „Bescheid geben“ mit 18 nicht abrupt endet, sondern die Teenager trotzdem noch mitteilen, wo es hingehen soll und sie sich befinden. Das zeigt das Bedürfnis nach Sicherheit und Geborgenheit der Kinder.

Wenn es spät wird, dient man als Vater oder Mutter oft als Taxifahrer. Dabei möchte man vielleicht ein gewisses Mitspracherecht behalten, da man ja auch irgendwann ins Bett will.

Ganz bitter ist es für uns Eltern, wenn wir ewig lange vor dem Haus oder der Location warten, wohin der Spross uns Taxifahrer bestellt hat. Das Taxameter tickt, aber unser Teenager will einfach nicht rauskommen.

Tipp für solche Situationen: Eine WhatsApp oder SMS schreiben und androhen, zu klingeln oder reinzukommen, falls er oder sie in fünf Minuten nicht draußen ist. Das funktioniert immer! Vor nichts graust es dem Teenie mehr, als dass seine peinlichen Eltern in die Szene platzen. Ein „Ronaldo-Trikot in Größe XS“ würde einen solchen Auftritt übrigens hübsch unterstreichen.

Grundsätzlich gilt für das Ausgehen das Jugendschutzgesetz, das besagt: Jugendlichen ist es nicht erlaubt, sich ab 24 Uhr in Gaststätten aufzuhalten. Darüber sollten die Teenager informiert sein. Aber damit ist auch gut.

Und sind wir selber denn so viel disziplinierter? Wie oft sitzt man in geselliger Runde zusammen und hat die Zeit vergessen? Noch ein Bier, ein Glas Rotwein und plötzlich ist es 2 Uhr nachts. Aber wir brauchen – hoffe ich zumindest – nicht mehr

Mama Bescheid geben. Ich sage meiner Frau Bescheid, wenn ich heimkomme.

WENN ich heimkomme, nicht, WANN ich heimkomme.

Leider wecke ich sie dann immer relativ charmant und brülle ihr ins Ohr: „Schläfst du schon?! Ist spät geworden!“

Das kann einem Teenager, der über weniger Ausgeh-Erfahrung als wir verfügt und dessen Gehirn nicht gerade auf „Ich muss mal wieder heim“ fokussiert ist, auch passieren.

Deshalb schimpfen wir nicht, sondern machen klar, dass wir uns Sorgen machen, wenn sie die Zeit vergessen. Nachricht genügt!

Fragen wir unsere Teenies doch, wann sie nach Hause zu kommen gedenken! (Das klingt top-höflich; und wir werden überrascht sein, dass ihre tatsächliche Rückkunft ungefähr in der Nähe der von ihnen angegebenen Zeit liegen wird).

Ist eine für beide Seiten akzeptable Zeit ausgehandelt, wird man erleben, dass sich deutliche Verbesserungen einstellen. Den Teenager immer wieder ins Boot zu holen ist schlau, weil er schlecht gegen etwas aufbegehren kann, dass er selbst verhandelt hat.

Zumeist hängen unsere Teenies eh mit Freunden außerhalb einer Gaststätte ab. Dazu macht der Gesetzgeber keinerlei Vorgaben. Somit sind wir wieder beim Thema gegenseitiges Vertrauen. Solange wir unsere Kinder nicht chippen und tracken, können wir einfach nicht wissen, wo sie sich wirklich gerade aufhalten.

Wir sind täglich zig Gefahren ausgesetzt. Ich kann mein Kind nicht vor dem Leben beschützen. Ich kann es aufklären, stärken und unterstützen. Und ansonsten:

Vertrauen und Loslassen: Ja, ich weiß … ist schwer. Aber es muss sein!

Regeln zum Ausgehen müssen nicht in Stein gemeißelt sein, kluge Eltern bestehen nicht unbedingt auf Pünktlichkeit:

> *„Ich vertraue darauf, dass sie halbwegs pünktlich zu Hause sind. Ich sage nie, dass sie Punkt 22 Uhr zu Hause sein müssen, sondern gebe einen Rahmen zwischen 22 und 23 Uhr vor. Das klappt eigentlich recht gut."*

> *„Mit 17 Jahren sind sie fast volljährig. Bei uns wurde Selbständigkeit und Verantwortung sukzessive erhöht. Im Normalfall weiß ich, wo er ist und dass er mich jederzeit anrufen kann."*

Die Anfänger unter den Pubertierenden, also die zirka 14-jährigen, sollten unter der Woche bis 21 Uhr zu Hause sein und am Wochenende bis maximal 22 Uhr wegbleiben dürfen. Wir wollen unsere Kinder nicht einsperren, sie müssen ja raus, sonst erfahren sie keine Selbständigkeit.

> *„Alexander der Große hat mit 17 Jahren schon Kriege geführt. Der hat die Schlacht gegen Persien nicht um 22 Uhr beendet, weil er nach Hause zu Mutti musste."*

Wie lange aufbleiben?

Eine andere, grundsätzliche Frage ist, wie lange dürfen sie aufbleiben? Kann Stress sein, muss aber nicht. Die meisten Teenager gehen selbständig zu Bett und tun dies auf durchaus verantwortliche Weise. Nämlich „wenn sie müde sind". Das ist eine individuelle Geschichte: Manche Kinder brauchen viel Schlaf, andere weniger. Ich bin prinzipiell ein Befürworter des eigenen Herausfindens.

Oft sind die Eltern schon früher im Bett als ihre Teenager, die aufgrund der Verschiebung der Ausschüttung des Schlafhormons Melatonin später müde werden. Das solle man wissen und sich vergegenwärtigen. Zum Schlafen kann man niemanden zwingen. Lassen wir den Nachwuchs frei entscheiden.

Wenn ein Teenager frei entscheiden darf, wann er ins Bett geht, denkt er vielleicht: „Ja! Klasse! Erst um 2 Uhr ins Bett!" Dann ist er aber morgens so müde, dass er am nächsten Abend – oder sagen wir nach einigen solcher verschlafener Morgen – früher ins Bett geht, versprochen! Das Schlafbedürfnis pendelt sich von selbst ein. Er findet selbst heraus, was ihm guttut, und lernt auf seinen Körper zu hören.

Bis 12 Jahren diktieren wir den Kindern die Zubettgehzeit, die im Schnitt zwischen 20 Uhr und 21 Uhr liegt. Am Wochenende und in den Ferien dürfen sie auch mal länger aufbleiben. In der Pubertät kann man das nicht mehr vorschreiben, bis dahin sollten sie ihren eigenen Rhythmus gefunden haben und wissen, wann sie schlafen gehen müssen, um am nächsten Morgen fit zu sein.

Ich habe mich früher in meinem Bett hin und her gewälzt, weil ich einfach nicht müde war. Das „Licht aus" meiner Eltern fand ich immer so unnötig endgültig. Oft wollen gerade die jüngeren Teenies noch was malen, schreiben oder auch lesen. Dann lasst sie das auch tun. Bildschirme und Bewegtbilder sollten allerdings nicht sein, da sie nervös machen und wachhalten.

Fazit: Teenager gehen ins Bett, wenn sie müde sind. Bei jüngeren Teenies kann man noch Hilfestellung geben, aber die älteren dürfen frei entscheiden. Zeiten vorzugeben, sorgt nur für Stress. Jugendliche müssen eigenständig lernen, auf ihren Körper zu hören.

„Ich höre nicht mehr auf meinen Körper. Seitdem er mir so viele Pickel geschenkt hat, rede ich auch kein Wort mehr mit ihm."

Irgendwas ist immer … aber das ist ein anderes Thema.

Pubertät ist...

… die härteste Prüfung für alle Eltern.

… die Kunst, einen Kaktus zu umarmen.

… ein vorübergehender Zustand und keine Entschuldigung für alles, was schiefläuft.

… hoffentlich bald rum.

… wenn die Schaltzentrale wegen Umbaumaßnahmen vorübergehend außer Betrieb ist!

… wenn das Leben etwas ruckelt, weil es in den nächsten Gang schaltet.

… wenn am Ende ein großartiger Erwachsener herausschlüpft.

9

Schnaps und Shots und Shisha-Nebel

„Beim Fensterputzen habe ich eine Pulle Havanna-Rum draußen auf dem Fenstersims entdeckt. Wie geht ihr mit solchen Alkoholfunden um, was würdet ihr machen?“

Außer trinken? Hmm, die Möglichkeiten sind vielfältig. Die Bandbreite reicht vom Hinweiszettel „Mit Cola gemischt schmeckt's besser" bis zum Auszug des Jugendschutzgesetzes, in dem es heißt, dass Jugendliche unter 16 ohne Begleitung oder Aufsicht keinen Alkohol zu sich nehmen dürfen.

Wie auch immer: Da ihr Belohnungszentrum während der pubertären Umbauarbeiten ihres Gehirns schwächelt, brauchen sie mehr Wumms, um Glücksgefühle zu erleben. Außerdem gehen Teenager gerne Risiken ein – sie wollen sich ausprobieren – und sind deshalb für Drogen allgemein (verboten und von daher besonders reizvoll) und Alkohol speziell (gesellschaftlich anerkannt, jeder tut es, überall bekommt man ihn) so empfänglich. Getreu dem Motto der neugierigen Jugend: „Ich will in der Pubertät ALLES ausprobieren!"

Statistisch ist das Rauchen in den letzten Jahren zurückgegangen, findet allerdings nach wie vor statt – vor allem durch das Kiffen. Auch Alkohol spielt bei Jugendlichen statistisch gesehen eine vielleicht geringere Rolle, dafür aber verstärkt zu punktuellen Anlässen.

Schwieriges Thema, ich höre schon die ersten Muttis schreien: Bitte nicht das Thema verharmlosen!

Recht haben sie ja. Aber gegen das neugierige Verhalten von Teenagern sind wir grundsätzlich machtlos. Der Drang, auszuprobieren, neutralisiert jede Mahnung und jede prophylaktische Gardinenpredigt unsererseits.

„Die ‚Queen of Table Waters' heißt nicht mehr Apollinaris, sondern Maria Kron. Und der Nachfolger steht auch schon fest: „Captain Morgan und sein Jägermeister'!"

Ganz ehrlich: Wir können noch so gescheit daherreden. Wenn sie mit Kumpels oder Freundinnen allein unterwegs sind, werden sie es früher oder später machen. Und sie müssen es auch – und lassen es sich hoffentlich hinterher durch den Kopf gehen. Denn (ich geben den Müttern ja Recht) jede Droge hat ihren Preis und fordert ihren Tribut.

Der Kater danach und die mitleidigen Blicke der Eltern, die den kläglichen Zustand ihres Kindes mitbekommen, sind die beste Therapie überhaupt. Das hat oft den größten Lerneffekt.

„Diese Hipster – jetzt muss man ihnen beim Kotzen die Barthaare aus dem Gesicht halten.“

Vielleicht wirkt auch bei solchen Gelegenheiten Humor: „Und? Lust darauf, die Restflasche Rum gegen eine Kanne Kamillentee einzutauschen?“

Wir sollten mit unsren Kindern natürlich über Alkohol und seine Auswirkungen sprechen. Dabei dürfen wir Sachverstand beweisen und das Thema gerne mit Beispielen aus der eigenen Drogenerfahrung illustrieren …

Im Ernst, ein Filmriss ist nicht lustig: „Also, ich höre auf zu trinken, wenn ich nicht mehr gerade gehen kann. Die nächste Stufe ist nämlich der Filmriss, und diesem Kontrollverlust willst du dich nicht aussetzen.“

Traurig, aber wahr: Alltägliches Suchtverhalten mit seinen mitunter dramatischen Begleiterscheinungen ist oft gar nicht so weit weg. Oft wird es verschwiegen, verdrängt, verharmlost, aber als negatives Beispiel ausgesprochen, kann es seine abschreckende Wirkung eigentlich viel besser entfalten: „Weißt du eigentlich, dass Onkel Winfried jahrelang in einer Suchtklinik war?“

Viele Eltern reagieren sehr sensibel auf dieses Thema, da sie im Freundeskreis Horrorstories hören. Wenn man sie seinem

Teenager brühwarm serviert, beweist man zumindest, dass man sich Sorgen macht und diese auch durchaus berechtigt sind.

Ich habe ernstlich von einem Teenie-Girl aus dem Bekanntenkreis gehört, das nach einer nächtlichen Tour durch die Clubs komplett neben sich stand, ihr Smartphone verloren hatte und den Taxifahrer anschrie, sie nach Hause zu fahren, wobei es keine weiteren Angaben zur Adresse machen konnte – solche Beispiele der Würdelosigkeit sind möglicherweise einprägsamer als eine Wandtapete aus dem Jugendschutzgesetz.

Bevor wir allerdings zu viel reden oder sanktionieren, fragen wir unsere Jugendlichen ruhig einmal direkt: „Was hast du denn mit deinen Alkoholvorräten vor?"

Oft sind Alkoholika zum Teilen mit den Freunden gedacht, zum „Vorglühen" vor der Clubtour. Unterwegs wird dann womöglich gar nicht mehr nachgekippt – kostet ja auch Geld.

Also: Reden, Erfahrungen schildern und auf Ehrlichkeit hoffen. Es kommt darauf an, wie viel, wie oft und mit wem und wo getrunken wird. Und natürlich auch, welcher Umgang mit Alkohol in der Familie vorgelebt wird.

Ermuntern wir unsere Teenies ruhig, Flaschen nicht heimlich zu bunkern, sondern sie im Kühlschrank zu lagern. Ob sie uns damit auf den Leim gehen, ist allerdings fraglich. Erst mal müsste ich meine eigene Flasche Amaretto von 1984 aus dem Versteck im Bücherregal bergen. Hoppla, komplett zugezuckert!

Ich möchte das Thema Drogen und Alkohol nicht humoristisch abtun und schon gar nicht verharmlosen, aber wenn sich die Sache in Grenzen hält und der Nachwuchs nicht jede Woche über die Stränge schlägt, würde ich es nicht verbieten, sondern wissen:

Er oder sie probiert aus; und sollte er oder sie zu viel ausprobiert haben, kann er oder sie uns auch sturzbesoffen mitten in der Nacht anrufen, weil wir vertrauensvoll und ehrlich damit umgehen.

„Du wohnst im Feldweg 17, mein Kind. Jetzt nimm das Taxi, ich zahle es an der Haustür."

Vertrauen ist gut, mehr Vertrauen ist besser. Kontrolle unmöglich.

Also locker bleiben. Ab in den Kühlschrank damit. Gekühlt ist eh besser!

Überhaupt: Wenn der Teenager clever ist, sagt er: „Mensch, Mutti, die Flasche Havanna sollte dein Weihnachtsgeschenk sein!"

Wenn Kinder uns was husten: Shisha-Rauchen

„Die Freunde meines 13-jährigen Sohnes haben eine Shisha. Würdet ihr das in diesem Alter etwa erlauben?"

Kiffen ist nicht so schlimm wie Trinken, aber schlimmer als Rauchen – ungefähr so lautet die landläufige Einschätzung der Drogen. Und wo reihen wir Shisha ein? Prinzipiell hätte ich keine Lust, dass bei mir in der Wohnung geraucht wird. Egal was. Das ist eine klare Regelung, die meine Kinder kennen, seitdem die Nabelschnur durch ist.

An dieser Stelle erhebt sich der Chor der „Dann macht er es heimlich!"-Singers, zu denen ich auch hin und wieder gehöre.

Ganz klar: Mit 14, 13 oder gar 12 Jahren ist jede Form von Tabakkonsum, auch außer Haus, vollkommen unangemessen und insofern Tabu.

Wir sollten uns über Shishas informieren und mit dem Partner abstimmen, unter welchen Bedingungen das Shisha-Rauchen für uns ausnahmsweise okay wäre – und das Ergebnis mit den Teenagern gemeinsam besprechen. Muss jeder für sich entscheiden, ob er es in der eigenen Wohnung tolerieren möchte. Bei mir stünde da ein eindeutiges „Nein".

Verhindern kann man es am Ende nicht. Im Zweifelsfall werden sie es heimlich machen. Natürlich. Aus purer Neugier. Ich habe mit Mitte 40 eine Shisha versucht und bin mit dem blöden Gebamsel überhaupt nicht zurechtgekommen. Teuer war es auch noch. Da ist ja Kiffen einfacher!

„Mama, krieg ich eine Shisha?"
„Eine Katze kommt mir nicht ins Haus!"

10

Taschengeld – man muss auch loslassen können

„Leidiges Thema, aber ich habe keinen Schimmer: Wie viel Taschengeld gibt man eigentlich?"

„Taschengeld? Mama, ich brauche keine Taschen, das Geld reicht."

„So, wie unsere Kinder regelmäßig ihr Taschengeld-Budget sprengen, sehe ich ihre Zukunft in der Kampfmittelräumdienst-Branche."

Über Taschengeld wird selten offen gesprochen, vielleicht aus Angst, komplett außerhalb der Norm zu liegen (was nach unten wie nach oben als peinlich empfunden werden kann). Nicht oft haben wir einen direkten Vergleich, wie das Geld-Thema in anderen Familien gehandhabt wird. Teenager wiederum reden zwar nicht gerne drüber, aber geben es mit vollen Händen aus.

Deshalb habe ich Eltern dazu anonym befragt. Hier das Ergebnis, das eine praktische Orientierungshilfe für alle Eltern sein kann (die Zahlen beziehen sich auf den Monat):

10 / 11 Jahre:	15 – 20 Euro
12 / 13 Jahre:	20 – 25 Euro
14 / 15 Jahre:	25 – 40 Euro
16 / 17 Jahre:	40 – 60 Euro
Ab 18 Jahre:	60 – 80 Euro

Das ist gewissermaßen das Basispaket zur freien Verfügung, dazu kommen unter Umständen noch Beträge für Dinge und Aktivitäten, die in der Regel nicht vom Taschengeld aufgewendet werden müssen (Angaben wieder pro Monat):

Handy:	10 – 20 Euro
Kleidung:	40 – 60 Euro
Schulmaterial:	10 Euro
Bus und Bahn:	40 – 80 Euro
Essen außer Haus:	30 – 40 Euro
Kosmetik:	5 – 10 Euro

Das sind wohlgemerkt Durchschnittswerte. Natürlich haben nicht alle Eltern die gleichen finanziellen Möglichkeiten. Was nicht geht, geht nicht. Jede Familie muss da für sich kalkulieren, wie es passt.

Auch ist der Unterschied zwischen dem Leben in der Stadt und dem Leben auf dem Land nicht berücksichtigt. Erhöhte Fahrtkosten mit dem öffentlichen Nahverkehr werden zum Teil ausgeglichen durch verminderte Ausgaben für den Mobilfunk (kein Netz kann ganz praktisch sein!).

Wenn man nicht in einer Metropole mit uneingeschränktem Angebot lebt, geht man vielleicht nur zweimal im Jahr, dann aber richtig, Klamotten kaufen. Und dann gibt man in diesem Monat natürlich mehr aus als in anderen.

Es gibt bei Teenagern wahre Wachstumsexplosionen: Hosen, Jacke, vor allem Schuhe können binnen weniger Wochen zu klein sein, sodass man um einen Neukauf nicht herumkommt.

> *„Meine Tochter fährt auf Klassenfahrt nach Berlin. Sie übernachten im Hostel und bekommen nur Frühstück. Wieviel Geld sollte man für Verpflegung für fünf Tage einplanen?“*

Die Schulen veranschlagen oft um die 25 Euro pro Tag, was sich in dem Falle auf stolze 125 Euro summierte. Spendieren Sie noch fünf Euro für coole, stylishe Straßenkünstler (in Berlin: Street Performer), dann würden meines Erachtens 130 Euro passen – oder nach Ihrem Ermessen eine Summe zwischen 100 und 150 Euro.

> *„Meine Tochter hat ihr komplettes Taschengeld ausgegeben, obwohl wir erst Mitte des Monats haben, und bittet um einen Vorschuss. Darüber hinaus braucht sie noch Sachen für den Winter, eine warme Jacke, ein Paar feste Schuhe … Nachgeben oder standhaft bleiben?“*

Unsere Teenager führen das Leben von Hippies. Sie probieren viel aus, hängen viel ab, für sie zählt der Augenblick, was danach kommt, spielt für sie keine Rolle.

In finanziellen Fragen sind Jugendliche völlig relaxt. Sie wissen, sie können in der Regel darauf zählen, dass ihre Erzeuger sie rauspauken, wenn es hart auf hart kommt.

Um erst gar keine unseligen Diskussionen ums liebe Geld aufkommen zu lassen, sollte man genau festlegen, wie man beim Thema Taschengeld zu verfahren gedenkt, und dies mit dem Teenager besprechen.

Ich persönlich bin ein großer Fan davon, Kindern ein Basis-Taschengeld, das zur freien Verfügung steht, zu geben, einen gewissen Betrag für Sonderwünsche hinzuzuschießen, bei überteuren Extrawürsten allerdings den Teenager aktiv werden zu lassen.

Wenn die Tochter partout diese sündhaft teuren Markenstiefeln haben möchte, die neuseeländische Schafe gewissermaßen persönlich mit ihrer Wolle befüllt haben, kann man daraus ein Geburtstags- oder Weihnachtsgeschenk machen. Oder der Sohn braucht die neuesten Fußballschuhe, wie sie auch die Profis tragen – dann kann er sie sich von seinem Taschengeld leisten, wenn er sich mit einem kleinen Job etwas nebenher verdient: Zeitungen austragen, Sparschwein schlachten, Großeltern anbetteln.

(Achtung, nicht die Zuordnungen verwechseln!)

Luxus fällt ja schließlich nicht vom Baum, es sei denn, deine Eltern heißen Trump und wischen sich den Hintern mit blattgoldlegiertem Klopapier ab.

Seinen Kindern möglichst günstige Sachen zu kaufen, ist keine sinnvolle Alternative. In ihren Augen sind sie womöglich per se hässlich, sodass sie auf Konfrontation gehen und mit Verweigerung reagieren.

In solchen Situationen kann man darüber nachdenken, das Taschengeld zu kürzen und dafür die Klamotten aus der Elterntasche zu bezahlen.

Basisregel für alle Gelegenheiten: Taschengeld ist Taschengeld.

Es sollte immer gezahlt werden und darf ausgegeben werden, für was auch immer der Teenager will. Es sollte nie als Strafe einbehalten werden.

Goldene Sprüche des Teenagers:

1. Dein Ernst?
2. Als ob!
3. Mama, du nervst!
4. Gleich. Jahaaa, gleich!
5. Chill mal!

Goldene Sprüche der Eltern:

1. Leg dein Handy weg!
2. Geh duschen!
3. Nicht in diesem Ton!
4. Unsere Türe haben Griffe …
5. Hast du gehört, was ich gesagt habe?!?
6. Räum dein Zimmer auf!
7. Denk an deinen Schlüssel!
8. Wie war's?
9. Kannst du auch mal aufhören zu reden!

Auf Platz 10 rangieren gleichberechtigt „Zieh die Hose hoch“ (wenn es sich um Jungs handelt) und „Zieh den Pulli runter“ (wenn es sich um Mädchen handelt).

Außer Konkurrenz: ***Ich liebe dich.***

11

Im Digitaldschungel: Leg doch mal das Ding weg!

„Mein Sohn hängt nur noch am Bildschirm. Ob Computer oder Handy, drei Stunden am Tag sind es bestimmt. Was kann ich nur tun? Soll ich was tun?"

„Solange es in der Schule klappt und die Kinder auch mal rausgehen, ist alles gut, finde ich. Mein Sohn hat ein Smartphone, und er spielt immer noch Fußball und trifft sich mit Freunden – und zwar live und in Echtzeit."

„Mein Sohn, wir brauchen mehr Zeit offline."
„Och nö, fahren wir schon wieder in die Eifel?"

„Mein Sohn war letztens auf einer Ferienfreizeit und damit eine Woche offline. Er wurde total aktiv und baute ein Baumhaus – hatte weiter oben wohl auf Empfang gehofft."

„Ich glaube langsam, dass das Handy bei uns Eltern als Thema zu präsent ist. Wenn das Handy ständig auf dem Tisch liegt, wird automatisch drüber diskutiert. Es bringt nichts, sich zu sehr drauf einzuschießen! Bei einem Buch würden wir dagegen nichts sagen!"

Wegzaubern lassen sich Handys und Smartphones nicht, sie gehören zu unserem modernen Leben dazu wie früher die Keule. Nur bestimmen sollten sie es nicht. Ich bin generell dafür, die Dinge erst einmal laufen zu lassen und genau zu beobachten: Ob die vereinbarten handyfreien Zeiten eingehalten werden, wie es in der Schule so läuft, sobald Computerspiele zum Thema werden, ob der Nachwuchs weiterhin zweimal die Woche das Runde ins Eckige schießt – mit dem eigenen Fuß, nicht mit dem Controller.

Ein direkter Zusammenhang zwischen Handynutzung und Schulnoten ist nicht belegt. Aber für uns Eltern sind die Noten schon ein Indikator. Meiner Erfahrung nach ist das im Regelfall auch nicht ganz verkehrt. Die Noten sollten sich auf einem mehr oder weniger gleichbleibenden Niveau bewegen. Größere Schwankungen oder gar Einbrüche sollten uns ein Alarmzeichen sein und uns zum Einschreiten, zumindest Nachhaken bewegen.

Ein verantwortungsvoller Umgang mit Handy, Internet und Spielkonsole will gelernt sein. Gerade jüngere Kinder haben oft Probleme, „das Ding" am Abend wegzulegen. Es ist durchaus sinnvoll, die Nutzungszeit unter der Woche, in der Schulzeit, zu beschränken. Ab 21 Uhr ist Feierabend, danach wird das Gerät über Nacht weggelegt, und zwar an einen Platz außerhalb des Zimmers. Unsere Kinder sollten wissen, dass das „Blaulicht" auf dem Bildschirm die Bildung des Schlafhormons Melatonin hemmt und sie dadurch nachweislich schlechter einschlafen.

Bei etwas älteren Kindern, etwa ab 15 Jahren, sollte man nicht ohne Weiteres eingreifen. Unsere Kinder, meine ich, müssen selbst erfahren, und das heißt: lernen, dass, wenn sie abends zu lange gezockt oder sie Instagram leergecheckt haben, sie morgens nicht richtig aus dem Bett rauskommen.

„Ich mache meinem Sohn keine Vorgaben, außer in der Schulzeit, da soll er nach 22 Uhr Schluss machen. Ich finde es schwierig, die Nutzungszeiten zu reglementieren. Wann sollen die Kinder sonst lernen, sich selbst einzuschätzen und eigenverantwortlich mit den Medien umzugehen? Ich würde mir mein Handy auch nicht gerne abnehmen lassen.“

„Eine Sache zu verbieten, erhöht oft ihren Reiz. Was haben wir uns gezofft! Jetzt lasse ich ihn einfach spielen, und was soll ich sagen? Er spielt deutlich weniger. Ich habe den Verdacht, dass er das Sich-Zoffen vermisst.“

Wer konsumiert hier wen? Der Teenie und das liebe Phone

Es gibt aber auch eine andere, durchaus ernsthafte Seite des Themas, und die betrifft zirka sieben Prozent aller Teenager. So viele sind nämlich tatsächlich süchtig nach Computerspielen und Handys. Wenn es Anzeichen eines Suchtverhaltens gibt, wenn wir feststellen, dass unsere Teenies die reale Welt außerhalb der virtuellen Welt aus dem Blick zu verlieren drohen, dann ist es höchste Eisenbahn, etwas zu unternehmen.

„Mein Sohn hat kein Ende beim Zocken gefunden, was auch immer wir vereinbart hatten, er ist vor Müdigkeit in die Schule getorkelt, seine Leistungen gingen den Bach runter, er machte kein Sport mehr und wurde immer aggressiver – vor allem uns, seinen Eltern und Geschwistern, gegenüber.“

Man sollte keine Scheu haben und sich unbedingt psychologische Hilfe holen, mit einer Sucht ist nicht zu spaßen. Das setzt voraus, dass man keine Scheuklappen aufhat und das

Problem als Problem erkennt und sich selbst gegenüber eingesteht. Leichter gesagt als getan!

Der zweite Schritt ist, sich zu überlegen, ob man wirklich glaubt, das Problem allein gelöst zu bekommen. Es ist eine immens schwierige Aufgabe, die ohne eine Hilfe von außen kaum zu leisten ist. Nochmal also: Sobald wir merken, dass unser Teenager sein Nutzerverhalten nicht mehr im Griff hat, es nicht mehr drosseln kann, führt kein Weg an einschneidenden Maßnahmen vorbei. Der Computer darf nicht die Kontrolle übernehmen. Oft muss den Betroffenen die Konsole ganz entzogen werden, und sie müssen mühsam lernen, neue Hobbys zu finden, wieder Sport zu treiben, normale Gespräche mit der Familie zu führen.

> *„Ich bin so froh, dass ich es geschafft habe, die Handbremse zu ziehen. Unsere Tochter hatte sich in Computerspielen richtiggehend verloren. Wir haben ihr ein striktes Wochenlimit gesetzt, dass sie sich selbst einteilen konnte. Langsam, ganz langsam taucht unser Kind wieder auf."*

> *„Nach Gesprächen mit der Suchtberatungsstelle haben wir ihm die Playstation weggenommen. Die ersten vier Wochen danach waren der reinste Horror. Der blanke Entzug. Jetzt erst, nach einem Jahr, wird es besser. Unser Sohn ist mittlerweile aber richtig dankbar. Der radikale Schnitt ist eine gute Entscheidung gewesen."*

Eine weitere Möglichkeit der Kontrolle und Begrenzung sind Apps wie „Screentime“, die Apple und Co. anbieten. Davon halte ich aber eher wenig, denn sie verführen dazu, sich auf ein Programm zu verlassen, anstatt die Probleme mit den Teenies direkt anzugehen. Apps mögen bequem sein, haben darüber hinaus aber auch etwas von Überwachungsstaat. Und eins ist sicher:

Im Zweifelsfall finden Teenager Mittel und Wege, solche Sperren zu umgehen.

> *„Diese Art Kontrolle führt zu nix. Dann machen sie es heimlich, treffen sich mit Kumpels, aber nicht zum Reden, sondern zum Zocken."*

> *„Mein Sohn hat seinen Computer über den Computer eines Freundes digital aufgebrochen und mit irgendeiner Proxy-Software versehen, danach kam er wieder an alles ran. Unfassbar! Er studiert heute übrigens im vierten Semester Informatik."*

Oh ja: In unserer Welt gibt es viele Informatikstudiengänge (und noch viel mehr, die „was mit Medien" zu tun haben). Da ist es in gewisser Hinsicht nicht verkehrt, ein wenig Praxis im Umgang mit Tablets, Laptops und Konsolen zu haben. Diese Erfahrungen festigen sich seit der Kindheit. Unsere Kinder haben keine Töpfer- und Zumba-Kurse belegt, die waren in der Tat die meiste Zeit am Computer.

Man muss in Betracht ziehen, was das Handy bedeutet, nicht nur für die Teenager, aber sie kennen gar nichts anderes mehr. Es vereint zahlreiche Funktionen, für die wir damals unfassbar viele verschiedene Geräte benötigten. Ein modernes Smartphone ist: Telefon, Fotoapparat, Computer, Fernseher, Terminkalender, Wecker, Katalog, Buch, Taschenspiegel, Kompass, Hörspiel, Radio, Plattensammlung, Straßenkarte, Navi, Atlas, Taschenrechner, Notizbuch, Diktiergerät, Spielhalle, Fotoalbum, Duden, Lexikon und Taschenlampe – alles in einem.

Jetzt, wo ich all diese tollen Funktionen aufzähle, wundere ich mich, dass Jugendliche überhaupt noch von ihren Geräten aufschauen …

Nicht zuletzt ist das Handy ein sozialer Marktplatz, auf dem sich die Teenager tummeln, austauschen und sich verabreden und treffen. Sie haben Spaß untereinander mit ihren Smartphones und stehen in regem Kontakt, und zwar mit Menschen aus allen Ländern dieser Welt.

Informiert euch, was eure Kinder genau machen. Verteufelt ihr Nutzerverhalten nicht gleich, vielleicht spielt ihr einfach mal mit. Ihr werdet feststellen, dass eure Teenager höchst kreativ werden können und ihren Alltag sehr gut im Griff haben.

> *„Meine Tochter macht viel bei Tik Tok. Da schminkt sie sich, probiert verschiedene Effekte aus, alles mit großer Begeisterung und viel Elan. So kenne ich sie gar nicht. Sie nutzt ihre Talente, und das finde ich großartig."*

Ich habe als Teenie mit Freunden *TKKG* nachgespielt; das haben wir immer mit dem Kassettenrekorder aufgenommen. Wir tauchten in eine spannende Gangsterwelt ab und hatten eine Menge Spaß. Leider platzte ohne anzuklopfen regelmäßig meine Mutter rein. Bis heute, wenn ich *Tatort* schaue, rechne ich damit, dass die Tür aufgeht und meine Mutter fragt, was wir gerade machen, ob wir etwas brauchen, Hunger oder Durst haben. Es ist noch nie passiert, aber man weiß ja nie.

Handyentzug führt grundsätzlich nicht zum gewünschten Erfolg. Kein Teenager wird einen Deut mehr für die Schule lernen, nur weil er kein Handy mehr hat. Höchstens kurzzeitig, aber auf diese Weise sendet man die falschen Signale. Die Kinder lernen: Erst unter Zwang muss ich reagieren ... Wir leben nun mal in einer digitalen Welt. Seien wir zunächst und vor allem gute Vorbilder!

> *„Unsere Kinder brauchen wir nicht zu erziehen – sie machen uns sowieso alles nach."*
> (Karl Valentin)

Wer findet, dass sein Teenager zu oft am Handy hängt, sollte sich aktiv für ihn interessieren und Zeit für ihn „opfern".

Benedikt und Lisa sind mit ihren Eltern im Sommerurlaub und verbringen die ersten drei Tage im Hotelzimmer. Ihre erste Frage, bevor sie endlich rauskommen: „Mama, wie weit ist es eigentlich zum Strand?" „Das ist ein ganz Stück, wir machen dieses Jahr Urlaub im Harz."

Aber kein Grund zur Panik, eines Tages werden unsere Teenies wieder am Familienleben teilnehmen, ganz sicher. Und je mehr Regeln und Rituale in der Kindheit eingeübt wurden, wie z. B., dass das Handy beim Abendessen wegzulegen ist, desto mehr profitiert man davon in der Zeit der Pubertät.

„Da schrieb mich letztens jemand bei Facebook an und fragte, ob ich heute Abend zum Abendessen kommen würde. Ich habe zurückgeschrieben: ‚Mama, komm einfach hoch und sage Bescheid.'"

Bestehen würde ich bei allen Parteien, Pubertisten wie Erwachsenen, darauf, dass sie ihren Gerätepark nachts nicht mit ins Bett nehmen – zumindest bei den jüngeren Teenagern.

„Mein Sohn hat sein Handy letztens freiwillig über Nacht in den Flur gelegt. Erschrocken fragte ich ihn: „Willst du im Flur schlafen?"

„Wir haben ein ‚Handyhotel' im Flur aufgestellt, da legen abends alle Familienmitglieder ihre Geräte zum Schlafen bzw. Aufladen ab. Oft checken die Geräte zwar sehr früh aus, aber eigentlich funktioniert es ganz gut."

Und nie vergessen, liebe Eltern: Hätten wir damals Handys gehabt, wir wären genauso hin und weg gewesen….

FQAs zum Thema Smartphone (Frequent Questions zum Ausderhautfahren)

Alles Insta oder was?!

„Meine Tochter (13 Jahre) möchte ein Profil bei Instagram anlegen. Soll ich das erlauben? Ab wann hatte euer Teenager ein Handy?"

Meine Meinung ist, dass man die Anschaffung eines Handys bis zur weiterführenden Schule hinauszögern sollte und auch kann. Kein Kind sollte in der Grundschule mit einem Handy herumlaufen. Meine Erfahrung ist auch: Zeigt man hier eine klare Haltung, lässt sich das problemlos durchsetzen. Also nicht rumeiern und sich davon beeinflussen lassen, wie es bei anderen läuft und ob einige Mitschüler in der Klasse vielleicht schon längst ein Handy haben (eher die traurige Realität) und unser Kind sich möglicherweise abgehängt fühlen könnte, sondern von vorneherein festlegen und klar machen: ein Handy gibt es erst zu einem späteren Zeitpunkt (in der weiterführenden Schule, oder ab 13). Dann geht das auch, dann gilt das auch.

Das ist keine Machtdemonstration, um unsere Teenager zu tyrannisieren, sondern im Gegenteil, wir machen das, weil wir für sie verantwortlich sind. Kinder brauchen in diesem Alter Orientierung. Wenn wir ihnen alles durchgehen lassen, ihnen in jedem Wunsch nachgeben, verlieren sie die.

Ist ein Smartphone angeschafft, müssen wir uns der Software-Frage stellen. Neben sinnvollen Nachrichten- und

Messenger-Funktionen (SMS und WhatsApp für den Austausch mit Freunden und Familie) denken die Kindern in der Regel an die vermeintlichen Abenteuer in der großen, globalen Welt – Stars, Sternchen, Infaulenzer, nee Influencer – und wollen alle angesagten Apps und vor allem „Insta".

Was machen wir?

Wir hören uns ihre Wünsche an, informieren uns im Internet (und tauschen uns vielleicht mit Eltern aus, die das Thema schon hatten) – und dann steigen wir gemeinsam in das Boot ein: erstellen zusammen ein Profil, richten dieses so „privat" wie möglich ein, damit unsere Teenager durch Instagram surfen können, ohne gleich irgendwelchen suspekten Follower am Hals zu haben.

Zusammen etwas zu machen, verbindet, und wenn man den Eindruck hat, es funktioniert, kann man auch die Leine länger lassen und irgendwann ganz loslassen. Schenken wir unseren Kindern Interesse und Vertrauen, dann kommen sie bei Schwierigkeiten von alleine zu uns Eltern und bitten von selbst um Hilfe und Rat.

Sooo spannend ist es weiß Gott nicht, was einem bei Insta begegnet (sowieso meistens Werbung).

> *„Zu Beginn haben wir gemeinsam darauf geachtet, die Privatsphäre-Einstellungen optimal anzupassen, um ungewollte Follower auszuschließen. Mittlerweile kommt meine Tochter von selbst auf mich zu, wenn ihr etwas komisch vorkommt."*

Jeder muss für sich individuell entscheiden: Ist Kontrolle gut und Vertrauen besser? Oder doch klassisch anders herum? Am Anfang finde ich Kontrolle in vernünftiger Absprache mit dem Teenager sinnvoll, allerdings mit der direkten Aussicht, diese bald wieder zu entziehen.

„Ich kontrolliere stichprobenartig, ohne Vorankündigung, wie ein Dopingfahnder. Nervt den Großen zwar, aber immerhin bleiben wir auf diese Weise in der Diskussion."

„Ich kontrolliere nicht, was meine Tochter auf Instagram postet. Ich habe sie aufgeklärt und traue ihr einen verantwortungsbewussten Umgang zu. Wir reden aber auch viel."

„Mein Sohn hat mich gestern bei Instagram geblockt mit der Begründung: ‚Du musst nicht alles wissen!' Ich weiß nicht, wie ich dazu stehen soll."

Ich würde mal wieder zu einem gesunden Teenager gratulieren. Das gehört zum Abnabelungsprozess dazu. Es gibt Orte, da wollen und müssen Teenager allein unter ihresgleichen sein, kein Erwachsener hat dort etwas zu suchen.

„So ein Profil ist ja oft ein modernes Tagebuch, in dem man Fotos ‚reinklebt' und seine Erlebnisse mit sich und den Freunden teilt – und nicht mit den Eltern."

Eben, Online-Aktivitäten sind einem Tagebuch vergleichbar, da stecken Erwachsene ihre Nase nicht hinein. Jugendliche nutzen ihre diversen Kanäle auch als Rückzugsraum, um ungestört mit den besten Freundinnen und Kumpels zu kommunizieren.

„Mama, irgendwo brauchen wir auch mal unsere Ruhe …"

„Meine Eltern sollten früher auch so manches nicht mitbekommen. Wir Eltern sind für Teenager wie Nachbarn. Sie sitzen einem auf der Pelle, man kann nichts machen, aber man muss nicht mit ihnen befreundet sein."

„Ich darf sehen, was meine Tochter postet, aber nichts selber posten und keine Kommentare reinschreiben. Bin aber selbst schuld, habe einmal unter ein Foto ‚Zieh deine Zahnspange an' geschrieben …"

„Meine Tochter hat sich wiederholt heimlich bei Instagram angemeldet. Sie hat Fotos gepostet und das Profil steht nicht auf privat. Sie hat etliche, schon wesentlich ältere Follower. Soll ich da einschreiten?"

Wenn festgelegt wurde, dass Instagram Tabu ist, dann muss man hier klare Kante zeigen. Wenn die Tochter sich nicht an die Abmachung hält, sind Konsequenzen fällig.

Triftige Gründe nicht verstehen und akzeptieren zu wollen, ist ein Zeichen mangelnder Reife. Schließlich haben die Eltern die Verantwortung, und es geht um reelle Gefahren und Gefährdungen.

Mein Appell: Bleibt im Gespräch, zeigt noch einmal die gelbe Karte (und schaut euch vielleicht gemeinsam die ARD-Doku „Kinderfotos im Netz" an …). Versucht, eurem Teenager zu denken zu geben und ihm eure Position klar zu machen.

Das Handy sollte auf keinen Fall einfach einkassiert werden. Das beste Fundament eurer Beziehung ist Vertrauen. Aber die Kinder sollten wissen, dass Eltern die Verantwortung haben und damit auch die Pflicht zur Kontrolle. Kinder können die Auswirkungen ihrer Handlungen noch nicht vollständig überblicken und schätzen Gefahren oft nicht richtig ein. Hier müssen wir ihnen zur Seite stehen, alles andere wäre fahrlässig.

„Unser Sohn fand erst gar nichts dabei, wenn ihn ein Älterer nett anschreiben würde. Wir haben ihm erklärt, dass dies nicht normal ist. Dazu haben wir eine Gegenfrage formuliert: ‚Wie fändest du es, wenn wir deine Kumpels

anschreiben und die Freizeit mit ihnen zusammen verbringen wollten?' Das hat ihn nachdenklich gemacht und er hat es am Ende eingesehen!"

Fataler Spieltrieb

„Mein Kind rastet beim Zocken manchmal komplett aus und schreit uns an, wenn wir was sagen. Wo ist hier die Grenze?"

Habt ihr schon mal Eltern beobachtet, die ihren Kindern beim Fußballspielen zuschauen? Ich war jahrelang Jugendtrainer und habe Eltern erlebt, die so gepöbelt haben, dass sie vom Schiedsrichter auf die Tribüne geschickt werden mussten. (Das war nicht so einfach, denn unser Dorfverein hatte gar keine Tribüne ...)

Damit will ich sagen, wir sind oft keine guten Vorbilder.

Auch bei uns kochen die Emotionen über und wir haben die Situation nicht mehr im Griff. In Stresssituationen, wenn Adrenalin ins Blut schießt, ruhig zu bleiben, seine Gefühle im Griff zu haben, ist eine Fähigkeit, die gelernt und eingeübt werden will. Wer öfter mal mit der Telekom zu tun hat oder Fan des Hamburger Sport Vereins (HSV) ist, hat viel Praxis mit Wut und Frustrationen und kann sich schneller abreagieren.

Und natürlich hat es etwas Befreiendes, auch mal dem Affen Zucker zu geben und die Sau rauszulassen, sodass jeder Bauarbeiter seinen Presslufthammer anhält und sich wundert: Was war das denn für ein Krach eben?

„Man braucht manchmal ein Ventil. Einige treiben Sport, andere gehen zum Schreien in den Wald, ich habe bei Tetris geflucht wie ein Kesselflicker. Das tut manchmal einfach gut!"

Blöd ist es aber natürlich, wenn die Mitmenschen durch die eigenen Verhaltensweisen in Mitleidenschaft gezogen werden. Ich habe bei Mensch ärgere dich nicht! regelmäßig die Spielfiguren durch den Raum geschmissen und das Spiel zerstört. Nein, ich bin kein schlechter Verlierer, ich bestehe bloß darauf zu gewinnen …

Menschen, die beim Zocken ausrasten, sind das eine. Aber es ist nicht okay, wenn die miese Laune über das Spiel hinausgeht.

> *„Mein Sohn hockt manchmal ewig lange auf dem Klo. Ich habe mich schon gewundert. Letztens rief er nach mir. ‚Was denn, Klopapier?‘, fragte ich. ‚Nee, Ladekabel!‘“*

Schön, dass Smartphones es geschafft haben, dass Männer sich endlich beim Pinkeln hinsetzen. Aber wenn Sitzen das neue Rauchen ist, ist ein Boom von abgelenkten Stehpinklern zu befürchten.

> *„Mein Mann schreit beim Fußball auch ständig herum. Dem nehme ich ja auch nicht den Fernseher ab. Wobei …“*

„Mein Sohn spielt dauernd Fortnite. Findet ihr das Spiel bedenklich?“

> *„Fortnite ist ein übles Spiel, das süchtig macht und die Gewaltbereitschaft schürt. Ich habe es meinem Sohn rundweg verboten.“*

> *„Ich habe einen epischen Sieg errungen, als mein Sohn mich als ‚Ehrenfrau‘ titulierte. Ja, ich schaue meinem Sohn öfter beim Zocken zu und zocke manchmal sogar mit. Ich will erst verstehen, bevor ich anfange zu meckern.“*

„Wie wäre es mit aufrichtigem Interesse für ihre Welt? Macht doch mal zusammen ein Tiktok-Video, hört gemeinsam Musik, schau dir ihre YouTuber an, geh in Beziehung. Nicht einfach bestrafen, sondern sich mal in ihre Welt einladen lassen!"

Wir ahnen nach diesen Einwürfen: Sich mit der Thematik zu befassen und zu versuchen, sie aus der Perspektive der Teenager zu betrachten, könnte die cleverere, stressfreiere und sogar spaßigere Herangehensweise sein. Ruhig mal mitspielen, dann bekommt man schnell ein Bauchgefühl dafür, was so ein Spiel bewirkt und in einem auslöst. Verschaffen wir uns einen Einblick in die Spiel- und Fantasiewelt unserer Kinder, um ihre Faszination nachvollziehen zu können.

Nicht immer nur auf andere hören, sondern sich selbst eine Meinung bilden und entscheiden, ob ein Spiel schon etwas für das Kind ist oder eben noch nicht. Dabei sollten wir den Gruppendruck der Kumpels mitbedenken und uns generell die „FSK"-Empfehlung anschauen.

„Er wird noch viel mehr heimlich machen, je mehr du ihm verbietest. Meiner ist 11, Fortnite darf er. Ansonsten darf er nur Spiele spielen, die für sein Alter freigegeben sind."

„Ich würde argumentieren, dass Heimlichkeiten blöd sind, und mich gleichzeitig fragen: Muss man ein Spiel verbieten, nur weil man es selbst nicht mag?"

Lautet unsere Entscheidung „Nein", erklären wir dies dem Teenager.

Es geht immer darum, die Jugendlichen nicht mit Verboten zu bombardieren, sondern sich ernsthaft mit ihnen auseinanderzusetzen, Alternativen anzubieten (wie gemeinsame

Aktivitäten mit der Familie – ja, ich weiß, der Teenager wird da oft aufstöhnen, aber immer dranbleiben).

Zudem lässt die Begeisterung für Spiele oft relativ schnell nach und die Präferenzen ändern sich; wieder läuft die Zeit für uns.

Merke: Kein psychisch gefestigter Teenager wird zum Gewaltverbrecher, nur weil er Computerspiele zockt. Solch simple Kausalitäten wurden behauptet, sie halten jedoch keiner Überprüfung stand und sind durch keine Studien belegt.

Wer's kaum glauben mag: Googeln Sie doch spaßeshalber mal „Everything Bad Is Good For You", ein Sachbuchbestseller von Steven Johnson aus dem Jahr 2005, in dem der Autor die These aufstellt, dass Bücher gar nicht der Weisheit letzter Schluss seien, sondern im Gegenteil Videospiele, da sie die soziale Intelligenz ungleich stärker förderten.

> *„Kinder sollten auch mal über die Stränge schlagen und Scheiß bauen dürfen, oder nicht?"*

„Mein Sohn hängt die ganzen Ferien über nur am Handy. Er macht sonst nichts. Ich habe es ihm jetzt mal abgenommen, er dreht total am Rad."

Absolut verständlich – dass der junge Mann am Rad dreht!

Ich mache in meinem Urlaub (bzw. früher in meinen Sommerferien als Schulkind) gerne die Dinge, die ich machen möchte. Und dazu gehört auch das Zocken auf der Bude und Daddeln auf dem Handy. Abnehmen hilft nur bei Diäten!

Handyentzug ist keine Lösung. Eine solche Maßnahme zerstört das Eltern-Kind-Verhältnis, macht es keinesfalls besser.

Man muss sich die Mühe machen und die Dinge besprechen und ausdiskutieren. Wie viel Medienzeit soll es in den Ferien geben? Unternimmt die Familie gemeinsame Aktivitäten? Wann und wohin? Ein Klassiker: *„Wir essen so selten als Familie zusammen, da möchten wir, dass das Handy bei den Mahlzeiten weggelegt wird.“*

Meine Meinung: Schule ist heute Druck genug, lassen wir unsere Teenies ihre freie Zeit genießen. Ich wollte, ich hätte sie nochmal.

Meine fünf goldenen Handy-Gedanken

1. Teenager schauen (was sie nie zugeben würden) sich vieles von uns Eltern ab. Man kann nur etwas einfordern, wenn man selbst auch vorlebt.
2. Teenager treffen sich im Handy – es ist ein sozialer Marktplatz.
3. Nicht das Handy als Druckmittel benutzen. Sanktionen frustrieren alle Beteiligten und belasten das Verhältnis. Dabei gibt es keine Gewinner.
4. Im Gespräch bleiben. Miteinander reden. Gemeinsam nach Alternativen suchen!
5. Mitspielen, aufklären und informieren. Je mehr Interesse man aufbringt, desto weniger wird sich der Teenager sperren, und schließlich wird das Thema uninteressant für ihn.

Und: Wenn man seinem Teenager erlaubt, ein Handy zu besitzen, sollte man sich vorher über die Konsequenzen klar sein!

Jugendliche benehmen sich mitunter kindisch, d.h. sie übernehmen noch Verhaltensweisen aus der Kindheit, wenn sie beispielsweise ihr Zimmer aufräumen sollen. In anderen Bereichen verhalten sie sich oft schon erwachsen, vor allem im digitalen Bereich sind sie uns gerne mal überlegen. Und ausgerechnet dann bekommen sie ihr Smartphone abgenommen!

Das ist absolut damit gleichzusetzen, wenn uns jemand etwas abnehmen würde, was uns lieb und vertraut ist. Natürlich wird da mächtig rebelliert!

„Darf ein Teenager sein Handy abends mit aufs Zimmer nehmen?"

Zu Beginn des Kapitels haben wir den Vorschlag gehört, dass die ganze Familie ihre Smartgeräte in einem Handyhotel im Flur übernachten lässt. Das ist sicher eine überlegenswerte Idee. Aber wir leben ja nicht in Dodge City, wo die Feuerwaffen beim Sheriff deponiert werden müssen.

Natürlich müssen die Teenies einen verantwortungsbewussten Umgang mit Geräten lernen. Zumindest sollten sie das, denn ihre Körper werden ein Wörtchen mitreden wollen (Hashtag Schlafdauer, Hashtag Melatonin, Hashtag Morgengrauen).

> *„Ich habe meiner Tochter mit 14 ein Handy erlaubt, unter der Voraussetzung, dass sich ihre Schulnoten nicht verschlechtern. Am Anfang hat sie es natürlich übertrieben. Ist ja auch normal, dann aber spielte es sich ein. Heute, mit 16, regelt sie das selbst sehr vernünftig."*

> *„Ich finde, mit 15 Jahren darf man seinem Kind sehr wohl Selbstverantwortung zutrauen. Es ist ein Ausprobieren und Learning by Doing. Wir unterstützen sie dabei."*

> *„Meine Tochter ist 13 und hat das Handy auch über Nacht bei sich im Zimmer. Ich finde, sie ist alt genug, um zu wissen, wann sie schlafen muss und wie lange. Solang sie morgens aus dem Bett kommt, sehe ich das als unproblematisch."*

Schön, wenn Eltern ihren Teenies so sehr vertrauen. Nur fällt es nicht immer leicht, gelassen daneben zu stehen. Gerade, wenn das Smartphone von anderen wichtigen Dingen ablenkt und zum Zeitfresser wird – und wir mitgefressen werden!

> *„Mein Teenie geht ins Bad und meint: ‚Noch kurz Zähne putzen und Haare waschen.'*
>
> *Nach 20 Minuten frage ich: ‚Wie weit biste?' Sie antwortet: ‚Fast fertig! Nur noch Zähne putzen und Haare waschen.'"*

„Darf ein Teenager sein Handy abends mit ins Bett nehmen?"

Dazu sage ich bloß (in Abwandlung eines Bonmots Karls des Modischen):

> *„Wer das Handy mit ins Bett nimmt, hat die Kontrolle über sein Leben verloren."*

Letzten Dienstag, in der Pubertät

„Boah, heute habe ich Physik bei einem total ätzenden Lehrer!"

„Na, das ist halt so im Leben. Es werden dir immer Menschen begegnen, die du nicht leiden kannst, an denen du aber nicht vorbeikommst. Du hast zwei Möglichkeiten: Entweder du nimmst es, wie es ist, und machst das Beste daraus, oder du ärgerst dich, meckerst rum und hast den ganzen Tag schlechte Laune."

„Ich habe schlechte Laune!"

Auf meinen Vorträgen bezeichne ich die Pubertät gerne als ‚zweite Geburt'. Ein Vater rief dazwischen: „Darf ich statt Nabelschnur sein Ladekabel durchschneiden?"

„Mein Sohn wollte in der Grillhütte am Abenteuerspielplatz seinen 17. Geburtstag feiern. Das hatte ihm als Kind so gut gefallen. Ich war darüber sehr glücklich. Mein kleiner Junge. Er meinte hinterher, den Clown, das Kinderschminken und die Hüpfburg hätte es nicht unbedingt gebraucht."

„Unser Sohn ist eher pflegeleicht und geht selten auf Konfrontation. Ist das dann schlecht für die Entwicklung in der Pubertät?" „Manche Jugendlichen sind Spätzünder, andere rebellieren nicht so heftig. Aber prinzipiell ist es nicht schlimm, wenn ein Teenager pflegeleicht bleibt. Sie müssen nicht gleich das Buch weglegen, in sein Zimmer stürmen und brüllen: ‚Suchst du etwa Streit?!'"

12

Lügen: Mit Pinocchio unter einem Dach

„Mein Sohn lügt mich an, dass sich die Balken biegen. Ich bin ziemlich ratlos."

„Ich kriege keinerlei Infos mehr über Schulisches. Wann werden Klassenarbeiten und Tests geschrieben, welche Themen und Stoffe nehmen sie gerade durch usw. Vor allem alles, worin sie schlecht ist und eigentlich Unterstützung gebrauchen könnte, unterschlägt sie."

„Ich bin richtig enttäuscht von meinem Sohn, denn er lügt mich an. Und zwar so offensichtlich, dass ich das mitbekommen muss und er weiß, dass ich es mitbekomme."

„Ich beschwere mich nicht, dass er lügt. Ich beschwere mich, dass er so schlecht lügt."

Das Schulproblem kenne ich allzu gut aus eigener Erfahrung. Aus Angst vor der negativen Reaktion meiner Mutter habe ich regelmäßig Noten unterschlagen. Eigentlich müsste sie gedacht haben, dass es in der 8. Klasse keine Noten gab, außer in Sport:

„Eine 4, mein Bub? Naja, in der 9. Klasse kriegst du sicherlich auch in den anderen Fächern wieder Noten. Hauptsache, da stehst du besser … “

Leider hat sie meine Behauptung, die Schule sei in eine notenlose Waldorfschule umgewidmet worden, nicht eine Minute lang geglaubt …

Ich glaube, dass man die Weichen vorher stellen kann und muss. Ein Teenager, der weiß, dass er mit jedem Problem zu den Eltern kommen kann, ohne dass ihm der Kopf abgerissen wird, wird sich, wenn er nicht tieferliegende, ganz grundsätzliche Probleme hat, hoffentlich auch nicht aufs Lügen verlegen, wenn ihn seine schulischen Leistungen in die Abstiegszone bringen – was in der Regel der Fall ist, denn in dieser Zeit gibt es ganz einfach andere wichtige Themen.

Ganz einfach auch: Wenn die Erwartungen meiner Mutter damals nicht so hoch gewesen wären und sie mit meinen Noten lockerer umgegangen wäre, dann hätte ich die Klassenarbeiten und Tests vielleicht auch nicht vor ihr versteckt.

Sie sind übrigens in meinem „Die Drei ???“-Kassettenkoffer. Jetzt ist es raus, Mama! Kannst nachschauen gehen …

„Vermutlich misst du Klassenarbeiten und Noten zu viel Bedeutung bei. Fragst zu oft nach. Verstecken bzw. nicht zeigen ist ein Zeichen für Angst vor der Reaktion. Und eigentlich musst du gar nicht reagieren. Es handelt sich um ihre Note!“

„Unterschreiben, zurückgeben lassen und dem Kind sagen, dass es dir die schlechten Noten ohne schlechtes Gewissen zeigen kann – du hättest seinerzeit auch nicht bessere gehabt."

Genau, Mama.

Bevor wir das Kind hinterfragen, könnten wir uns auch selbst hinterfragen. Denn oft ist man selbst der Grund für Verstellungen und Lügen. Ein Jugendlicher lügt nicht aus Spaß oder aus Langeweile, sondern in der Regel aus Angst vor – erwartbaren – Reaktionen seiner Noch-Erzieher. Seine Angst hält uns mit anderen Worten den Spiegel vor.

Geben wir unseren Zöglingen so wenige Gründe zum Lügen wie möglich! Dazu müssen wir manchmal vielleicht über unseren erzieherischen Schatten springen. Also: kritische Angelegenheiten wie das abendliche Ausgehen zusammen aushandeln und diesen Entscheidungen dann (prinzipiell) voller Vertrauen entgegensehen. Wenn die Eltern die Wahrheit aushalten, gibt es keinen Grund zum Lügen.

„Meine Tochter wollte bei einer Freundin schlafen, von der ich weiß, dass sie ab und an kifft. Mir hatte sie allerdings gesagt, dass sie bei einer anderen Freundin schläft, weil sie wusste, dass ich die sympathischer finde."

Tritt diese Situation auf, ist ein klares, ein klärendes Gespräch angeraten, in welchem du eindeutig erklärst, warum du nicht viel vom Kiffen hältst, aber dass du ihr vertraust und sie trotzdem bei ihrer Freundin schlafen darf. Wenn man offen über die Dinge redet und dabei in sich selbst hineinschaut, lassen sich die Lügen des Teenagers nachvollziehen.

(Klappt voll entspannt, wenn man vorher schön einen durchgezogen hat …)

„Unser Spross kommt heim und verkündet: ‚Ich habe eine schlechte Note in Geschichte.' ‚Warum?' ‚Weil mich das Thema gar nicht interessiert.'"

Bäm! Das ist eine ehrliche, authentische und offenherzige Begründung. Das ist die Wahrheit. Und die gilt es zu ertragen und zu akzeptieren.

Kinder lügen uns Eltern nur an, weil wir die Wahrheit nicht hören wollen und so sind wir auch mitverantwortlich für das „Gelüge!"

Ich würde sagen: Danke für die Ehrlichkeit. In Sachen Geschichte können wir Hilfe anbieten, unser (eventuelles) Interesse am Fach bekunden und erklären, warum es doch sinnvoll sein könnte, den 30-jährigen Krieg durchzukauen.

(Warum ging der eigentlich so lange, wurde da so viel gechillt zwischendurch?)

Es gibt Situationen, in denen man mit einem „Nein" eine klare Grenze setzen muss. Die sollte dem Teenager aber sehr gut erklärt werden, dafür muss man sich unbedingt Zeit nehmen. Eine Grenze ist erst mal nichts Schlimmes, im Gegenteil, sie kann Orientierung bieten und ist dann eminent wichtig für den Heranwachsenden, auch wenn er anderer Meinung (wäre ja auch sonst zu einfach).

Dass die Tochter oder der Sohn bei kleineren Dingen, beispielsweise dem Konsum von Süßigkeiten, manchmal flunkern, würde ich vernachlässigen und dies eventuell mit Humor kontern:

„Der Hund hat die Schokolade gegessen!" – „Oh, dann musst du Wuffi jetzt die Zähne putzen."

Apropos Zähne: Zum Glück können unsere Teenies DIE nicht verlegen, aber das, was meistens nachts noch zu den Zähnen hineinkommt.

„Trägst du die Zahnspange?“ „Ja!“ (Zahnspange liegt im Badezimmer.)

„Echt? Ich dachte, ich hätte eben Wuffi mit der Zahnspange gesehen!“

Und wir haben unsere Kinder ja auch schon mal angelogen. Zur Not. Aus erzieherischen Gründen. Weil wir sie liebhaben. Und auch unsere Eltern haben uns beschwindelt, dass sich die Balken biegen. Es ist ein ewiger Kreislauf.

Auf die Zahnfee warte ich heute noch.

Das Thema Lügen darf man nicht mit „Mein Kind hat Geheimnisse vor mir“ verwechseln.

Eine Mutter prahlte mir gegenüber: *„Meine Tochter und ich erzählen uns alles. Wir wissen alles voneinander.* “Da habe ich instinktiv gedacht: „Das arme Kind!“

Mein Vater zum Beispiel grillt im Feinripp-Unterhemd, das ist so was wie seine Grilluniform. Möchte man von einem Menschen, der eine Feinrippgrilluniform trägt, „alles“ wissen? Ich überlasse dies den Höhenflügen Ihrer Fantasie …

Abschließend sei betont: Zum Abnabelungsprozess in der Pubertät gehört unbedingt auch, Geheimnisse vor den Eltern zu haben. Wir als Eltern wissen am besten: „Gut, dass UNSERE Eltern nicht ALLES wussten! Und meine Kinder heute auch nicht alles von uns wissen …“

Das ist ganz normal. Denken Sie an die bewährte Elternweisheit: „Was ich nicht weiß, macht mich nicht heiß.“

Und folgen Sie dem (leicht abgewandelten) olympischen Gedanken „Nicht dabei sein ist Alles“.

13

König der Diebe: Wenn Kinder Dinge mitgehen lassen

„Meine Tochter kam heulend nach Hause. Sie hatte im Kaufhaus geklaut! Ich fasse es nicht, weiß gar nicht, wie ich reagieren soll!"

In den Arm nehmen!

Wir lieben unsere Kinder, auch wenn sie kleinkriminell sind.

Und achten neben der schlechten Nachricht vor allem auf die gute dabei: Die Tochter ist zu ihren Eltern gekommen, hat sich anvertraut, mit ihren Tränen Reue gezeigt; sie weiß, dass sie Bockmist gebaut hat.

Wenn wir ihr jetzt nicht beistehen und ihr Mut zusprechen, die Sache durchzustehen, egal, was passiert, und es in Zukunft besser zu wissen, dann begehen wir einen schweren Fehler: An wen sollen sich unsere Kinder bei ernsthaften Problemen wenden, wenn nicht an uns Eltern? Stehen wir nicht zur Verfügung oder reagieren wir mit Ablehnung, entsteht ein Vertrauensverlust, der nur schwer wiedergutzumachen ist.

Atmen wir also erst einmal tief durch. Klar, unsere Meinung dürften wir ernst und deutlich kundtun (Stehlen ist falsch, natürlich). Aber dann reiten wir auf dieser Geschichte nicht mehr herum.

Wenn Jugendliche beim Klauen erwischt werden, hat das noch einen anderen Effekt. Dann wird die Gefahr geringer, dass sie Gefallen daran finden, sich daran gewöhnen. Die Hoffnung besteht, dass sie aus dem Erwischtwerden lernen (aber natürlich nicht, wie sie das nächste Mal unerwischt bleiben …) und ihre Quittung bekommen haben (gut, haben sie eigentlich nicht, weil sie ja nicht bezahlt haben, egal).

Sozialstunden können eine klasse Sache sein, wenn sie die Teenager mit mehr Lebenserfahrung ins gesetzestreue Leben zurückkehren lassen.

Und jetzt komme ich wieder mit meinem „mal ehrlich, Leute …“. Aber es ist doch so: Wer hat in seiner Jugend nicht irgendeinen Scheiß gebaut? Zäune beschmiert, Autos im Schnee vergraben, Süßigkeiten gemopst, Zigaretten abgezogen, Flaschen in den Fluss geworfen, Misthaufen in Brand gesteckt, Lehrern

Wasser auf den Stuhl geschüttet, Hunde mit Knallkörpern beworfen, Fahrrädern die Luft rausgelassen, Wasserbomben geschmissen, in Blumenbeeten randaliert, Laternen demoliert?

Ach, das sind nur meine Erinnerungen …?

In der Pubertät probieren sich Teenies aus, erproben ihren Mut, wollen sich darin übertrumpfen. An die Folgen ihres Handelns denken sie nicht, sie können die gar nicht überblicken. Ist hirntechnisch bedingt. (An dieser Stelle verweise ich gerne auf mein erstes Buch *Chill mal!*, in dem dies detailliert erläutert wird – das war der Werbeblock, jetzt heiter weiter!)

Ich gestehe, dass ich auch heute noch ab und an die Trauben in der Obstabteilung des Supermarkts auf ihre Süße teste. Letztens erwischte mich eine Mitarbeiterin dabei: „Stehen bleiben, was Sie im Mund haben, muss noch ausgewogen werden!"

Wenn Gruppenzwang das Motiv war, weil der Teenager sich einer Clique beweisen wollte, dann ist das „Klauen" gar nicht der Kern des Problems. Dann geht es vielmehr darum, dass der Jugendliche „Nein" sagen lernt und sein Selbstbewusstsein stärkt. Mutig sein bedeutet auch, Druck von außen, von (vermeintlichen) Freunde standzuhalten.

Wir können nachfragen, was an diesen „Freunden" so toll ist. Diese Diskussion bitte aber auf Augenhöhe führen, denn je mehr wir unsere Ablehnung zeigen, je heftiger wir verbal auf die Freunde einprügeln, desto eher fühlt sich unser Teenie berufen, sie zu verteidigen.

Auch das Alter schützt vor Dummheiten nicht. Als mein Onkel Willi Handtücher von der AIDA hatte mitgehen lassen und von meiner Tante Helga erwischt wurde, verteidigte er sich: „Ich weiß, ich weiß, du hast ja recht. Aber in irgendwas musste ich den Fernseher ja einwickeln."

Schlaue Sätze aus der Pubertät oder: „Wer viel schläft, kann nicht viel helfen."

Eltern, die alle Hoffnung fahren lassen, haben bessere Laune in der Pubertät.

Mein Sohn redet so langsam, da schläft mein Ohr ein.

Viele Menschen schlafen schlecht bei Vollmond, Teenager probieren es erst gar nicht.

Klassenfahrten sind dazu da, dass die Mutter vier Tage lang die Teenie-Höhle durchlüften kann.

Nicht ärgern, nur wundern.

Seid authentisch! Euer Teenager wird das überprüfen!

Wenn ihnen was nicht passt, werden wir es garantiert erfahren!

Gönnt euren Teenagern Erfahrungen! Das Abenteuer wartet.

> *„Ich freue mich, wenn es regnet; denn wenn ich mich nicht freue, regnet es auch!"*
> (Karl Valentin)

14

Tätowierungen – es tut dir mehr weh als mir

„Meine Schwester hatte ein Arschgeweih, mein 9-jähriger Sohn machte sich so seine Gedanken, er fragte sie: ‚Tante Michaela, wann wird der Hirsch fertig gemalt?"'

„Meine Tochter kam zu mir und meinte: ‚Ich suche mir einen Stecher'. Das nahm ich ganz locker, bis sie mit einer Tätowierung wiederkam."

„Mein 18-jähriger Sohn ist mit seinen Kumpels nach Lloret de Mar gefahren und kam mit einem Tattoo zurück. Auf seinem Oberarm stand ‚Whisky', der Name seines Meerschweinchens."

Keine einfache Situation: Eben war die Tochter noch die süße Kleine im süßen Biene-Maja-Kostüm mit dem Stachel am Hinterteil, nun war sie in einem Tattoo-Studio und hat sich dort eine stachlige Rose stechen lassen.

Tätowieren unter 18 Jahren ist eine heikle Sache. Für Tattoos an sich gibt es keine gesetzliche Altersgrenze, allerdings dürfen sie bei Minderjährigen nur mit Erlaubnis der Eltern gestochen werden, ansonsten droht Tätowierern eine Anzeige wegen Körperverletzung. Sie müssen sich den Personalausweis vorlegen lassen. Der Verein Deutsche Organisierte Tätowierer (DOT) lehnt Tätowierungen für Jugendliche unter 18 Jahren daher ab.

Viele Teenager möchten aber unbedingt ein Tattoo haben, bleiben hartnäckig und quengeln so lange, bis die Eltern nachgeben. Unsere Bedenken müssen weniger dem schlechten Leumund einer Tätowierung gelten („Ihre Tochter fährt zur See?") – Tattoos sind eindeutig in der Gesellschaft angekommen und gehören zu einem bestimmten Schönheitsideal –, als vielmehr dem Zweifel, ob der Teenager das Tattoo nicht irgendwann wieder bereuen könnte.

Jugendliche können mit der Dimension „für immer" gar nichts anfangen. Dafür fehlt ihnen jegliches Zeitgefühl. Sie handeln im Hier und Jetzt und selten vorausschauend (deshalb wird die Pizza schwarz im Ofen, brennt der Topf an, stehen Türen offen, bleiben Lichter an, wenn sie den Raum verlassen, und die leere Toilettenpapierrolle auf dem Klo … ach, lassen wir das).

Mit Witzen über rätselhafte Tattoos in Fremdsprachen will ich erst gar nicht anfangen – doch, einer muss sein:

„Ich habe mir einen hebräischen Spruch ums Handgelenk tätowieren lassen."

„Und was bedeutet er?"

„Wenn du den Arm weiterdrehst, ist er gebrochen."

In der Pubertät probieren sich Teenies aus und ändern ihre Meinungen so urplötzlich wie die Haarfarbe oder den kompletten Style. Unter diesem Aspekt sind modische Tätowierungen besonders problematisch. Was also tun, wenn sie quengeln?

Die wahrscheinlich bequemste Strategie ist es, lässig auf den Jugendschutz und die „Ab 18"-Klausel zu verweisen. Wir wissen: Die Zeit läuft in diesem Fall für uns Eltern. Einige Monate oder Jahre Aufschub können das Problem erledigen.

„Meine Tochter wollte mit 16 ein Tattoo und ich habe zu ihr gesagt, dass sie erst mit 18 eins bekommt. Jetzt ist sie 18 – und will keines mehr."

„Wenn ich mich mit 16 hätte tätowieren dürfen, wäre ich heute Besitzerin eines Arschgeweihs und eines Stacheldrahtzaun um meinen Oberarm. Danke, Eltern!"

Unter welchen Voraussetzungen könnten wir einem Tattoo vielleicht doch zustimmen?

Wenn der Wunsch unseres Heranwachsenden nach einem Tattoo über eine lange Zeit anhält und man merkt, dass es ihm immens wichtig ist. Hier sind Intuition und Fingerspitzengefühl gefragt. Ein tauglicher Test mag sein, das besagte Tattoo-Motiv im Zimmer des Jugendlichen aufzuhängen. Sollte er vier Monate später immer noch dazu stehen, kann man es riskieren.

Vielleicht äußert sich hier ein Berufswunsch (selbst Tätowierer werden, in einer Rockband spielen, zur See fahren …)?

Der oder die Betreffende sollten auf jeden Fall über 16 sein und das Motiv an einer Stelle angebracht werden, die sich verdecken lässt. Auch die Größe spielt eine Rolle. Es gibt immer noch Berufe, in denen ein Tattoo nicht gern gesehen wird, z.B. bei der Polizei. Sollte ihre Tochter Ambitionen auf den Vorstandsposten einer Bank hegen, ist von einem Dekolleté-Schmuck in Form des Spruchs „Get Rich Or Die Trying" abzuraten. Obwohl … wer weiß …

Ein kleines chinesisches Schriftzeichen auf dem Knöchel (beliebt sind die Zeichen für „Sehnsucht" und „Hoffnung") ist vielleicht sogar ganz süß. Ich persönlich finde es interessant, dass wir den chinesischen Zeichen einen derartigen Platz einräumen. In Asien konnte ich nicht beobachten, dass jemand auf seiner Schulter „O' zapft is" tätowiert hat.

Geht es um ein Piercing oder um einen Nasenstecker, kann man sich damit trösten: Das lässt sich problemlos wieder rausmachen, und das Einstechloch wächst auch wieder zu.

Juristisch gesehen ist Piercing allerdings (Achtung!) eine Körperverletzung. Deshalb muss der Klient vor dem Eingriff schriftlich sein Einverständnis erklären, bei Minderjährigen erfolgt diese Erklärung durch die Eltern. Einige Studios sind inzwischen die Selbstverpflichtung eingegangen, keine Piercings an unter 14-Jährigen vorzunehmen.

Im Alter zwischen 14 und 16 Jahren muss ein gesetzlicher Vormund (Elternteil, Jugendamt) nicht nur beim Beratungsgespräch anwesend sein, sondern sich auch offiziell ausweisen.

> *„Meine Tochter hat sich ein Zungenpiercing stechen lassen. Was für ein Timing. Ein Tag später bei der Schultheateraufführung von ‚Romeo und Julia' stand sie als Julia auf der Bühne. Da war es nicht so angenehm, in der ersten Reihe zu sitzen. Noch nie hat eine Julia so viel vom Balkon gespuckt."*

Der Jugendwahn greift um sich, wir stechen und piercen uns, was das Zeug hält. Wir werden nicht dreckig, wir rosten.

„Als er einen Spinatrest zwischen meinen Zähnen entdeckt, sagte mein Sohn zur mir: ‚Mama, du hast da ein vegetarisches Piercing.'"

Immer beliebter wird auch der „Fleshtunnel" im Ohrläppchen – die deutsche Übersetzung wäre übrigens „Fleischtunnel". Klingt das schön, lässt das nicht unwillkürlich an Fleischwurst in der U-Bahn denken? Es handelt sich jedenfalls um einen Piercingschmuck für gedehnte Ohrläppchen-Löcher, wie er von Völkern Mittelamerikas sowie U-Bahn-Kontrolleuren getragen wird. Das lädt mitunter zu Schabernack ein, zum Beispiel wenn man mit einem Fleshtunnel auf einem Rockfestival einschläft. Dann kann es sein, dass man mit zusammengerollten Flyern im Ohrläppchen aufwacht. Andererseits könnte es ganz praktisch sein, einen festen Platz für den Einkaufszettel zu haben – wer den Tunnel hat, braucht für den Spott nicht zu sorgen.

Letztlich erforschen unsere Teenager in der Pubertät mit Experimenten aller Art ihren Körper. Sie probieren aus: Was sieht an mir gut aus? Was könnte zu meiner Persönlichkeit passen? Womit gewinne ich an Persönlichkeit? Und wie viele Flyer passen nun in einen Fleshtunnel?

Um auf das übergeordnete Thema Tätowierungen zurückzukommen:

„Ich habe meinem Sohn ein Tattoo erlaubt. Es kommt immer darauf an, wo und was es ist. Gegen ‚I love my mum!' quer über die Brust hatte ich nichts einzuwenden."

15

Schule oder auch: Sternzeichen Keinbock

„Meine Tochter ist eigentlich ein schlaues Mädchen und hat es echt drauf. Aber sie ist so unglaublich träge. Es ist echt Energieverschwendung, sie pushen zu wollen."

„Eine Klasse zu wiederholen, ist nichts Schlimmes – wenn man's positiv ausdrücken will, sammelt man neue Erfahrungen. Vielleicht muss er die machen."

„Wird es besser, wenn wir draufhauen? Macht er dann mehr? Ich sehe das nicht."

Fakt ist: Teenager haben während der Pubertät, genauer gesagt so um die 8. Klasse herum, wahrlich andere Sachen im Kopf als Schule. Sie beschäftigen sich mit sich selbst, mit ihrem Aussehen, mit Freunden und Freundinnen; vielleicht sind sie zum ersten Mal verliebt, und in diesem Zusammenhang sind coole Partys wichtig. Es gibt so viele Auf und Abs in dieser Zeit. Und dann sollen sie sich intensiv mit binomischen Formeln, Figurencharakterisierungen und Elektrizitätslehre befassen. Dein Ernst, Mama?

Denkt bitte an eure Jugend zurück. Stand Schule da an erster Stelle? Ein Sinn der Pubertät ist es, dass Teenager so viele Erfahrungen machen und auch machen sollen, gute wie schlechte. Gönnt sie euren Kindern. Sie sind wichtig für ihr Leben. Schulabschlüsse kann man nachholen. Diese Erfahrungen nicht!

Aber nachvollziehbar ist auch: Wir Eltern wollen natürlich, dass unsere Kinder etwas lernen, damit sie später den optimalen Start ins Berufsleben erwischen. Wir plagen uns mit einem schlechten Gewissen, wenn es uns nicht gelingt, unser Kind so zu motivieren, dass es mit Glanz und Gloria die Schule absolviert.

Es muss doch durch die Schule!, denken wir, und wenn das so ist, dann wäre es doch dumm, es nicht möglichst gut zu machen. Viele Eltern habe eine völlig überzogene Erwartungshaltung und setzen sich selbst und ihre Kinder unter enormen Druck.

(Ganz nebenbei sei bemerkt: Es werden ohne Ende Azubis gesucht – die sich die Stellen oft noch aussuchen können …)

Ich kann verstehen, dass man am Schulthema verzweifelt. Aber warum eigentlich? Weil die Kinder nicht genau den Weg einschlagen, den man sich als Eltern wünscht? Weil es nicht in der festgelegten Zeit funktioniert? Weil „die

Leute reden"? Was macht den elterlichen Frust in Bezug auf Schule aus?

50 Prozent der Eltern geben als Minimalziel für ihre Teenager das Abitur aus. Die aber haben nicht unbedingt Bock, sich dafür ein Bein auszureißen. Bei einer solchen Ausgangsituation sind Kämpfe, Krämpfe und Konflikte vorprogrammiert.

Leider dominiert das Schulische oftmals die gesamte Gefühlslage zu Hause: Man kommt gar nicht mehr in dieses schöne Plaudern rein – über den Alltag, über den Sinn und Unsinn des Lebens. Sondern die normale Kommunikation wird durch permanente Konfrontation überschattet und ersetzt.

Wenn ich ehrlich bin, muss ich sagen: Das Thema Schule nimmt einfach zu viel Platz ein.

Wir haben Erwartungen an die Schule. Unser Kind hat andere Erwartungen. Wir sind in Sachen Schule „stark verletzungsgefährdet". Die Eltern müssen begreifen und sich ein Stück weit damit abfinden, dass dem Kind die Schule schlichtweg egal ist.

> *„Meiner Tochter war alles andere als Schule wichtig. Ich habe versucht, gegenzusteuern, indem ich ihr zum Beispiel das Handy weggenommen habe, wenn sie nicht gelernt hat. Aber dadurch wurde alles nur noch schlimmer. Also habe ich meine Strategie geändert und gesagt: ‚Okay, es ist deine Verantwortung'. Sie bringt weiterhin nicht wirklich gute Noten nach Hause, aber ich glaube, sie hat begriffen, dass SIE allein es in der Hand hat."*

Das allerletzte Mittel, Teenager doch zum Lernen zu bewegen, ist die BESTRAFUNG. Nicht gut, nicht ratsam. Was ein Kind dabei lernt: Dass man bestrafen muss, um ein Ziel zu erreichen. In letzter Konsequenz kommt das einer Demütigung und auch von Seiten der Eltern einer Hilflosigkeit und Ohnmacht gleich.

„Nimm bitte nicht ihr Eigentum weg. Das ist ein Beweis deiner Ohnmacht. Sprich mit deinem Teenie. Immer wieder, mit echtem Interesse für die Veränderungen, die vor sich gehen!“

Strafen sind Machtdemonstrationen; wer strafen kann, der zeigt, dass er am längeren Hebel sitzt. Dafür können wir kein Verständnis erwarten, das führt zu noch mehr Frustration, schaukelt sich hoch, bis es am Ende nur noch Verlierer gibt.

Sollten wir dann unsere Teenager sich komplett selbst überlassen? Nein, auf keinen Fall! Wir dürfen unsere Meinung sagen. Wir müssen im Gespräch bleiben und sollten ihnen unbedingt vermitteln, dass es letztlich nur an ihnen selbst liegt, dass sie die Schule selbstverantwortlich anzugehen haben.

Dass niemand sie dazu zwingt, nichts zu tun …

Es ist eine Entscheidung. Das kann man Teenies auch so sagen. Sie sind im Grunde alt genug, um sich darum selbst zu kümmern; alt genug zu lernen, selbst Verantwortung für ihre Sachen zu übernehmen. Das geht nicht von einem Tag auf den anderen und natürlich fallen auch mal schlechte Noten an, aber das gehört dazu. Man muss deswegen nicht gleich in Panik verfallen. Schuljahre können wiederholt werden, viele Wege führen zu guten Abschlüssen, auch später noch.

(Und noch einmal: Momentan werden Azubis händeringend gesucht!)

Teenis können die siebte, achte, neunte Klasse komplett verbocken – aber dann macht es plötzlich „Klick“ und sie finden ihren Weg – und starten durch. Aber WANN der Hebel umgelegt wird, bestimmen sie. Der Zeitpunkt kommt meistens, so berichten die Lehrer und so bestätigen es viele Eltern, ab der 10. Klasse.

„Meine Tochter hat sich ab der 10. Klasse selbst motiviert. Sie findet Schule immer noch doof, weiß aber, was sie tun muss, um studieren zu können."

„Ich komme auch manchmal schlecht gelaunt von der Arbeit. Warum soll mein Teenager das nicht dürfen? Er geht ja nicht mal freiwillig zur Schule."

Über 30 Prozent der Teenager haben in der 8. Klasse natürlich noch nicht die leiseste Ahnung, was sie später mal werden wollen. Sie haben kein konkretes Ziel vor Augen und von daher auch keinen Grund, etwas für die Schule zu tun. Ab der 10. Klasse lichtet sich der Schleier. Teenager fangen dann sogar öfter an, sich selbst übermäßig unter Druck zu setzen, sie fühlen sich nicht schlau genug und sind mit der Organisation des Lernens überfordert.

Hier setzt unsere Hilfe an. Die kann aus Gesprächen bestehen (wenn der Teenager darauf Bock hat), aus Vertrauensbekundungen und viel Verständnis für die aktuelle Situation.

Meine Oma sagte immer: „Es ist noch aus allen was geworden."

Recht hat sie, ob jemand nun eine Eins im Vokabeltest hat oder auch mal eine Sechs.

„Ein guter Schulabschluss ist kein Indikator für Intelligenz, sondern für exzellente Anpassungsfähigkeit."

Schnelltest für Eltern zum Thema Schule

Was bringt Nachhilfe?

Nachhilfe bringt nur etwas, wenn man sich helfen lassen möchte. Der Teenager muss es einsehen und wollen, damit sich die

Investition lohnt. Das kann man mit ihm aushandeln. Oft reicht es auch (oder ist es sogar sinnvoller), sich mit Klassenkameraden zusammenzusetzen und gemeinsam zu lernen.

(Ich war auch immer ein Teamplayer, wir selbst sagten dazu „Abschreiben".)

Wie kann ich sinnvoll motivieren?

In Deutschland besteht Schulpflicht, Teenager müssen in die Schule. Wir Erwachsene können uns unseren Job aussuchen, und wenn er uns auf Dauer zu schaffen macht, suchen wir uns einen Neuen. Um die Schule kommt man jedoch nicht herum.

Ich bin für eine Motivation, die komplett vom Kind ausgeht.

Was macht einem jungen Menschen Freude an der Schule?

Zunächst sind es die Klassengemeinschaft und der Umgang mit gleichaltrigen Klassenkameraden. Ist die Versetzung gefährdet, entsteht da eine Gefahr für den Teenager, die er oft nicht sieht. Man kann ihm ins Bewusstsein rufen, dass er bei einem Sitzenbleiben nicht mehr in der Klasse seiner besten Freundin, seiner Clique, seines heimlichen Schwarms sein wird – ein nicht zu unterschätzender Motivationsfaktor.

Eine Zielsetzung zu formulieren, kann eine langfristige Motivation bedeuten: Wenn der Sohnemann Pilot werden will, dann hänge ich ein Flugzeugmodell über seine Zimmertüre und erkläre ihm, dass er zur Erreichung dieses Ziels ein relativ gutes Abi hinlegen sollte. Solche Gespräche sind immer Gespräche auf Augenhöhe.

Ein etwas profanerer Ansporn mag sein, dass man dem Sohn mit seinen Kumpels die „geilste Abi-Party ever" in Aussicht stellt, und zwar auf Mallorca. Einem Teenager eine solche Aussicht schmackhaft zu machen und zu einem Ziel werden zu lassen, kann nachhaltig Eindruck hinterlassen.

Aufgrund der Hirnumbauarbeiten denken Teenager nicht besonders langfristig. Da geben wir gerne etwas Hilfestellung. Wer verbietet uns schließlich, mitzufliegen und eine eigene Sause am Ballermann zu planen?

Teenager lieben jede Art von „Challenge". Eine Motivation, die Schularbeiten zu erledigen, könnte in Bezug darauf so aussehen:

> *„Du machst fünf Minuten lang Hausaufgaben, danach kannst du aufhören. Musst du natürlich nicht, aber du darfst. Versuch es bitte, fünf Minuten!"*

Die Erfahrung zeigt: Ist man erst einmal warm geworden, läuft die Chose oftmals wie von selbst. Man spricht dann von einem Flow-Effekt, dem sich Glücksgefühle verdanken. „Ich bin gerade so drin, ich mache jetzt einfach weiter" – nur versuchen muss man's!

Bei allem gilt: Sich immer gesprächsbereit zeigen, sich anbieten, den Teenager nie sich selbst überlassen; aber ihn auch nie vergessen lassen, dass die Verantwortung für seine Noten bei ihm selbst liegt.

Kann ein Jugendlicher mit dem „theoretischen Gelaber" in der Schule absolut nichts anfangen, dann ist das auch eine Erkenntnis. Dann kann man ihm andere Wege aufzeigen und in die Praxis schickt.

(Immer noch werden ohne Ende Azubis gesucht – die sich die Stellen immer noch oft aussuchen können…)

> *„Meine Tochter ist nach großem Hickhack vom Gymnasium abgegangen, aber jetzt, auf der Realschule, hat sie sehr gute Noten. Im Sommer ist sie fertig, danach will sie ihr Fachabi machen."*

Was für die Motivation außerdem noch wichtig sein könnte: Auch wenn eure Kinder nicht wissen, was sie werden wollen, macht ihnen klar, dass sie sich eine Basis schaffen sollten, um für alle Ideen und Berufswünsche gerüstet zu sein. Hierbei Stärken und Schwächen benennen. Sich in einem schwachen Fach zu verbessern, ist viel wert.

Ermuntert eure Kinder, sich richtig geile Ziele zu setzen. Lasst sie ruhig eine Liste materieller Dinge anlegen: coole Autos, coole Reisen, coole Klamotten.

Sagt ihnen, was für coole Persönlichkeiten sie sind.

Und alles immer ohne Druck, Zwang, Bestrafung. Wir sind sozusagen Beifahrer, wir geben Tipps, weisen auf Dinge auf dem Weg hin – und bremsen manchmal mit unseren Füßen mit. Aber lassen unser Kind fahren.

> *„Warum nehmen Eltern Kindern dauernd etwas weg, damit sie lernen? Würdest du besser lernen, wenn dir jemand dein Handy wegnimmt? Es gibt 1000 Gründe, warum Kinder nicht lernen möchten, und mit Druck hat man noch kein Kind motivieren können.“*

Wie reagieren wir auf Null-Bock-Mentalität?

> *„Mein Sohn hat letzten Dienstag eine Geschichtsarbeit geschrieben und keine einzige Sekunde dafür gelernt. Das kann man doch nicht einfach so akzeptieren!“*

Erst mal die Note abwarten! Manche Schüler (wir mochten sie nie, aber es gibt sie) haben für ihre Einser-Note „gar nicht gelernt“.

Ich habe immer gesagt: „Ich habe für meine Sechs auch nichts gelernt …“

Dass es in der Pubertät normal ist, keinen Bock auf Schule zu haben, hatten wir schon. Und mit Druck und Bestrafung reagieren, macht alles nur schlimmer. Unsere Teens müssen selbst lernen, wie sie mit der Schule umgehen, und eigene Entscheidungen treffen.

> *„Die Konsequenz ist eventuell eine schlechte Note. Aber das ist seine Konsequenz, nicht deine. Und daraus wird er auf Dauer lernen."*

Jugendliche erkennen recht bald, welche Fächer ihnen was bedeuten und welche nur durchgezogen werden müssen. Das war bei uns nicht anders. Also vertrauen wir darauf, dass unsere Kinder das schon ausbalanciert bekommen. Also, gerne mal durchwinken.

> *„Ich habe mit meiner Tochter in dieser Null-Bock-Phase sehr viel gesprochen. Sie schrieb ganz schlechte Noten, hatte gar keine Energie für die Schule. Ich habe mir alles in Ruhe angehört und versucht, keinen zusätzlichen Druck auszuüben."*

Schon die Bereitschaft zum Lernen ist zu loben. Kritisieren wir nicht immer nur die Leistung, das verdirbt Laune und Motivation. Immer positiv und verständnisvoll mit dem Teenager umgehen, auch wenn es die Situation gerade nicht hergibt.

Ansonsten gilt es: In der Schule muss er die Verantwortung für sein Handeln tragen.

Simpler Tipp zum Schluss:

> *„Wer im Unterricht aufpasst und mitmacht, muss oft nicht mehr so viel lernen. Lernen ist dann eher ein Wiederholen. Ich musste immer lernen!"*

Wie gehe ich mit einer schlechten Note um?

Wenn er oder sie eine schlechte Note nach Hause bringt, sagen wir Erwachsenen erst mal nichts und entspannen uns abends bei einem schönen Glas Wein. Am nächsten Tag setzen wir uns zusammen und besprechen, was man besser machen kann.

Wie reagiere ich bei einem schlechten Zeugnis?

Das Zeugnis ist ein Stück Papier mit Zahlen drauf. Eure Teenager werden von unterschiedlichen Menschen bewertet, die rein subjektive Entscheidungen treffen. Zeugnisse sind eine Momentaufnahme, die rein gar nichts über die Intelligenz und die Fähigkeiten eines Menschen aussagt.

Niemand verbaut sich seine Zukunft, nur weil er schlechte Noten hat.

Mit einem schlechten Zeugnis stehen immer noch alle Wege offen. Manchmal auch über Um- oder Irrwege. Dann hilft das Motto: „Wer sich verfährt, lernt die Gegend kennen."

Nicht jedes Kind muss studieren.

> *„Ich habe mein Abi versemmelt, mein Mathe-LK-Lehrer hat damals gesagt, ich werde Klofrau. Heute bin ich Betriebswirtin der Wirtschaftsinformatik. Man kann über so viele Wege ans Ziel kommen."*

Viele schlechte Schüler blühen später im Beruf auf. Zudem gibt es zunehmend Arbeitgeber, die nicht auf Zeugnisnoten und Qualifikationen achten, sondern nach Sympathie, nach Charakter, nach Werten entscheiden – die ihr euren Teenagern vermittelt habt. Das sind sowieso wichtigere Kriterien.

Zusammenfassend kann man sagen: „Keine Panik auf der Teentanic!"

Kein Pubertierender lernt plötzlich mehr und gewissenhafter, nur weil seine Mama ihm das befiehlt und mit Strafen droht.

Das Gegenteil ist der Fall: Er rebelliert noch mehr, macht noch „mehr nichts". Geht den Teenies nicht auf die Nerven, das schont letztlich die eurigen.

Die Teenager bestimmen, wann die Reise losgeht, nicht die Eltern. Die Heranwachsenden bestimmen auch das Tempo, nicht die Schule und nicht wir. Und das ist auch gut so.

Wir können motivieren und unterstützen, aber nur in dem Maße, wie es die Kinder zulassen.

Wenn sie sich ernst genommen fühlen und merken, dass man ihnen vertraut, dann werden sie mit viel mehr Freude, Mut und Ehrgeiz an eine Sache herangehen.

Vertrauen schenken – das müssen WIR in dieser Zeit lernen. Ich weiß, liebe Eltern, das ist oft schwerer als ein Mathe-Abitur. Zahlt sich aber aus.

Wie belohne ich ein gutes Zeugnis?

Den finanziellen Teil würde ich den Großeltern überlassen … Eine schöne Geste zu solchen Gelegenheiten ist es, mit der ganzen Familie etwas zu unternehmen.

> *„Gute Noten sind quasi eine Selbstbelohnung. Wenn die Großeltern diesbezüglich ab und an spendabel sind, reicht das völlig aus. Von uns kommt ein: Schön, dass du so fleißig warst."*

Wenn ein Kind sich wirklich sehr bemüht hat, dann könnte man die immense Anstrengung des Weges belohnen. Das kann man individuell entscheiden. Das Ziel, sprich das Papier mit Zahlen, würde ich weder belohnen noch bestrafen.

> *„Bei uns gibt es kein Geld für gute Noten. Ich halte davon nichts, da es falschen Ehrgeiz weckt. Wenn überhaupt, dann ‚belohnen' wir mit Aktivitäten."*

„In diesem Schulsystem hat ein einzelnes Zeugnis für mich keine Bedeutung. Das Gute ist, wir gehen mit der Familie mal wieder Eis essen – entweder aus Freude oder als Trost.“

ENDZEITSTIMMUNG: Was mache ich, wenn mein Kind sitzenbleibt?

Und wenn am Ende des Schuljahrs auf dem Zeugnis steht: „Nicht versetzt“? Was machen wir dann? Dann schauen wir erst mal auf uns: Wir fühlen uns traurig, wütend und ein Stück weit mitschuldig.

Das reicht! Jetzt schauen wir auf unseren Teenager. Dem geht's nämlich auch gerade furchtbar. Auf ihn sollten wir sogar direkt schauen und ihm klarmachen, dass davon die Welt ganz bestimmt nicht untergeht.

Es wird sich eine andere Tür öffnen und ein neuer Weg auftun. Wer weiß schon, was die nächsten Jahre bringen werden? Nur eins ist gewiss: Unser Kind wird seinen Weg gehen! Sicher? Ja, ganz sicher!

„Bleib MUTiviert, junger Teenie! Das Leben ist mit dir!“

Interessant in diesem Zusammenhang: In Hamburg wurde das Sitzenbleiben zwischen der 7. und 10. Klasse abgeschafft und ist eigentlich nicht mehr erlaubt. Seitdem klagen es viele Eltern aber ein. Warum das wohl so ist?

Und manchmal findet ein junger Mensch auf diese Weise seine eigene Art, sich zu motivieren.

„Mein Sohn ist sitzen geblieben. Nachdem er am Anfang sehr traurig war, freute er sich schließlich darauf, die gleiche Klassenfahrt noch einmal machen zu können.

Er habe letztes Jahr nämlich sein Ladekabel dort liegen lassen …“

Zusammenfassend lässt sich sagen: ihre Schule, ihre Zukunft, ihre Verantwortung!

„Schule ist nicht für jeden ein Freudentanz, und im Gegensatz zu uns Erwachsenen können die Kinder nicht einfach die Arbeit hinschmeißen.“

„Habt Verständnis, statt zu fordern. Euer Spross geht da schon mehr als sein halbes Leben hin, und das jeden Tag … da darf man auch mal keinen Bock haben.“

„Gras wächst nicht schneller, wenn man daran zieht. Im Gegenteil. Man reißt die Wurzeln raus.“

Letzten Dienstag, in der Pubertät

Ein nett gemeinter Versuch, den Teenie zum Lernen zu motivieren, damit er ins nächste Schuljahr versetzt wird?

„Stell dir vor, so ein Schuljahr ist eine Netflix-Staffel. Man will, dass es immer eine neue Staffel gibt, und alle Darsteller sollen unbedingt wieder dabei sein."

„Ach, Paps, ich kann auch ein alternatives Ende auf der Realschule drehen."

Es gibt Teenager, die ewig bei ihren Eltern leben. Die Eltern von Rainer haben endlich die Konsequenzen gezogen. Nach 40 Jahren sind sie ausgezogen.

„Ich hatte keine Probleme in der Schule. ‚Versetzungsgefahr' bestand bei mir nur in Bezug auf Mädchen."

Lehrerin: „So ein Mist, beim Korrigieren der Klassenarbeiten ist mir ein Glas Rotwein über die Hefte gekippt. Ich glaube, ich steige um auf Gin Tonic."

„Fitnessstudio? Nö, ich geh lieber Shoppen! Ich habe Kaufkraft! Das reicht!"

„Als ich mit meinem Teenager beim Arzt war, sagte die Sprechstundenhilfe: ‚Sie sind gleich dran.' Darauf fragte meine Tochter: ‚Ist das MEIN Gleich oder DEIN Gleich?'"

Opa kann jetzt WhatsApp! Er nutzt es ausgiebig. Letztens steht oben in der Leiste, die ganze Zeit über: „Schreibt... schreibt.... schreibt." Ich habe gedacht, toll wie er das kann.

Nach zehn Minuten blinkt „Alles klar!" auf.

Kein Wunder, dass wir die ganze Zeit am Handy sitzen, um es den Älteren zu erklären.

16

Selbstvertrauen für Teenies: Dieser Weg muss kein schwerer sein

„Mein Kind hat so wenig Selbstbewusstsein, fühlt sich unsicher und findet sich hässlich. Ich kann ihm so gut zureden, wie ich will."

Die Pubertät bringt leider Selbstzweifel mit sich. 75 Prozent der Mädchen leiden darunter. Auch wenn es unbeschwerte, starke Kinder waren, ist dies keine Gewähr dafür, dass sie in der Pubertät Probleme mit Minderwertigkeitsgefühlen und Selbstzweifeln bekommen.

Da nützt kein „gutes Zureden“, denn junge Frauen nehmen uns als parteiisch wahr (was natürlich stimmt). Wenn wir unsere Töchter „stärken“ und loben, bekommen wir zu hören, dass die „Mama das ja sagen muss, weil sie die Mama“ und „es deshalb nicht ehrlich ist“. Lob von Fremden hingegen saugen unsere Teenager auf wie ein Schwamm. Daher lobe ich Teenager immer, was das Zeug hält.

Und was können wir als Eltern tun?

Erst mal bei uns anfangen: Wie selbstbewusst bin ich und was lebe ich vor?

Das ist die Basis, das Back-up für Teenie-Töchter. Wenn ihre Mütter nicht kreischend durch die Gegend flattern (hoffentlich), schließen sie daraus, dass ihr eigenes emotionales Tohuwabohu kein Dauerzustand sein wird.

Zweitens loben wir natürlich fleißig weiter, was uns ja auch nicht schwerfällt, z. B.: „Bei deiner Theateraufführung gab es stehende Ovationen – so viel hast du da nicht falsch gemacht.“

Wichtig ist auch, dass wir mit unseren eigenen Sorgen und Ängsten aus dieser Zeit nicht hinter dem Berg halten, nicht den starken Mann markieren. Jugendliche fühlen sich auf diese Weise verstanden, die Botschaft kommt bei ihnen an: Sie sind nicht alleine mit ihren Empfindungen, aus ihnen kann vielleicht auch noch was werden. Bleibt authentisch!

Überprüfen wir auch noch mal unsere Erwartung an den Nachwuchs und schrauben diese im Zweifelsfall herunter, zumindest für den Augenblick.

Stärken wir den gesunden Realismus und bauen wir keinen Druck auf. Wenn der Papa sagt, dass es nicht so wichtig ist, der Erste oder die Beste zu sein, kann das schon mal helfen.

Tolle Nachricht: Wer zuhören kann, der bekommt was erzählt … Wenn die Situation in der Pubertät tatsächlich eintreten sollte, dass der Teenager uns sein Herz ausschütten möchte, sollten wir sie wie eine zarte Pflanze hegen und pflegen. Ihr wisst schon: Diese raren Gelegenheiten, wenn sie ausnahmsweise kein Geld haben möchten, sondern nur quatschen wollen. Dann hören wir einfach gut zu. Das macht beide Seiten stark.

„Wenn mein Sohn mit seinen zwei Kumpels zusammensitzt, lautet die Dialogregie: zwei schweigen, einer hört zu.“

Gerade wenn der Nachwuchs mit Problemen zu uns kommt, sollten wir sie nicht abtun, sondern unbedingt sehr gut zuhören. Es ist die Chance, die Sichtweise unseres Teenagers, die garantiert eine andere als unsere ist, besser kennenzulernen (und unsere eigene vielleicht einmal zu hinterfragen).

Leider neigen viele Erwachsene dazu, Teenager-Probleme zu belächeln. Für unsere Kinder sind sie in diesem Moment essenziell. Lachen wir nicht, hören wir hin! Sonst dürfen wir uns nicht wundern, wenn unsere Kinder sich von uns abwenden.

Ernst nehmen, Verständnis aufbringen, sich Zeit fürs Zuhören nehmen, auch wenn man von dieser Netflix-Serie noch nie was gehört hat (und nie etwas davon hören wollte). Wenn sie begeistert erzählen, dass sie alle Staffeln hintereinander am Stück sehen möchten, so toll ist die Serie, dann nicht aufstöhnen und sich lustig machen. Die Serie ebenfalls anschauen!

Die Frage: „Was nervt dich gerade? Alles gut in deinem Leben?“, kann dazu führen, dass es losgeht – auf der Seite des Teenagers mit dem Reden, auf unserer Seite mit dem Zuhören.

Verlieren wir nicht aus dem Blick, was sie oder er „gut kann" und ihr oder ihm guttut.

Jedes Kind hat seine Interessen, Vorlieben und Stärken. Diese zu erkennen, es darin zu bestärken, Gelegenheiten zu schaffen, positive Erfahrungen zu sammeln, formen die Identität und stärken das Selbstbewusstsein. Geben wir ihnen Sicherheit in der Unsicherheit.

Selbstvertrauen kann auch ein Selbstverteidigungstraining bringen, zum Beispiel Krav Maga. Das macht oft nicht nur großen Spaß, Teenies lernen nicht nur, sich zu verteidigen, sondern vor allem Situationen richtig einzuschätzen. Es ist ein gutes Gefühl, „viele Waffen" zur Auswahl zu haben.

Gerade Mädchen schreiben gerne Tagebuch. Das kann ebenfalls sehr nützlich sein, um aus schwarzen Löchern herauszukommen, zum Beispiel, indem man die schönen Erlebnisse und Ereignisse festhält, sich mit sich selbst und seiner Situation auseinandersetzt und seine Gedanken sortiert. Es gibt Tagebücher in wunderschönen Ausführungen. Ein Versuch ist es wert.

Natürlich haben nicht nur die Mädchen Selbstzweifel. Zwar kehren Jungs gerne den Macho heraus, aber sie haben ihre sanften Seiten, werden durchaus von weiblichen Hormonen regiert. Oder wie mir ein Junge erzählte:

> *„Ey, ich habe als Kind immer mit Autos gespielt! Jede Barbie hatte eins."*

Noch ein persönliches Geständnis zum Abschluss: Ich hatte beim Krippenspiel die Rolle des Esels, aber ich war so aufgeregt, dass ich meinen Text vergaß. Dass die Lehrerin aus dem Off mit zuflüsterte: „Iaah, Iaah, Iaah!", half wenig. Ich dachte nur: „Hilfe, was will die Frau?", und kam vollends durcheinander.

Blackout. Das konnte meine Mutter später auch nur schwer beschönigen.

Wenn man vergisst, wie ein Esel schreit, ist eine Rolle in Goethes *Faust* erst einmal ganz weit weg. Dafür stehe ich heute auf Bühnen im ganzen Land und mache mich zum Esel.

17

Wenn Eltern fremdeln: Erste Liebe

„Früher sagte er immer: ‚Ich heirate Mama!' Das Kuscheln wird aber immer weniger. Das Aufgebot müssen wir wohl langsam abbestellen. "

„Dieser Anblick, wenn mein Sohn ein Mädchen küsst ... Es ist einfach ein merkwürdiges Gefühl, man kann es gar nicht recht beschreiben. Das ist ja auch mein erstes Mal. Sehr, sehr ungewohnt."

„Mein Schwiegervater in spe hat mich sehr nett empfangen und zeigte mir direkt das Haus: ‚Dies hier ... ist die Tür!"'

Eines Tages ist es unweigerlich so weit. Jemand Fremdes tritt ins Leben unseres Kindes – und damit irgendwie auch in unser eigenes. Betrachten wir es als eine Art Familienzuwachs und sehen wir es positiv.

Es kommt einfach ein weiterer Mensch hinzu, der möchte, dass es meinem Kind gut geht. Und wehe, wenn nicht! (Ja, hier schreibt ein Vater!)

Bei diesem Thema müssen wir als Eltern besonders geduldig sein und sagen: Wir haben aufgeklärt, wir haben informiert. Das ist das, was wir leisten konnten. Mehr können wir nicht tun!

Es geht um nichts weniger als die Liebe: Amore, l'amour, Amok (der Hormone).

Es hilft nichts, sich im Vorfeld dunklen Fantasien hinzugeben und sich Schreckensszenarien auszumalen: Was ist, wenn mein Sohn an einen Vamp gerät? Meine Tochter von einem Lehrer verführt wird? Wenn sie von ihrem Freund gestalkt wird?

Solche Gedanken verraten mehr über uns selbst als über reale Gefahren für unser Kind.

Das ist nicht die Realität – oft ist oft und selten ist selten. Das sollte uns beruhigen. Wir geben uns Mühe!

Bleiben wir entspannt! Erinnern wir uns, wie es damals bei uns lief: Hätten wir nur den leisesten Verdacht geschöpft, dass unsere Eltern sich einmischen und uns in unsere erste Liebe hineinreden wollen, wir wären so was von an die Decke gegangen …

Wir wollten von unseren Eltern nichts erzählt bekommen, waren hypersensibel, trafen uns heimlich – der Hauch des Verbotenen!

Wenn dein Teenie sich das erste Mal Hals über Kopf verliebt und in anderen Sphären schwebt – lass ihn schweben. Aber halte dich bereit, ihn aufzufangen, wenn er aus allen Wolken fällt. Die Landung ist beim ersten Mal besonders hart.

Der Kenner genießt und schweigt: Als stiller Beobachter im sichern Hintergrund kannst du die Gefühlsachterbahn noch einmal erleben, ohne dass dir allzu schwindlig dabei wird.

> *„Chill mal, Mama. Wir machen nichts Schlimmes, wir netflixen nur zusammen. Alles ganz normal."*

> *„Ich habe auch eine 15-jährige Tochter. Da geht es nicht um Sex. Sie wollen Zeit zusammen verbringen und Nähe erleben!"*

Liebe ist etwas Irrationales, Sonderbares, natürlich auch Besonderes. Liebe kennt keine Altersfreigabe. Ein Altersunterschied ist nicht so kritisch, zumindest wenn Altersdifferenz kleiner gleich 7 ist. Und der jüngere Partner größer gleich 15 ist. Verdammt, jemand müsste diese Formel mal aufschreiben …

Wo ist Rosamunde Pilcher, wenn man sie braucht?!

Leider ist sie dieses Jahr verstorben, aber ihre Werke und ihre Fernsehfilme bleiben. Sie lehren uns: In Cornwall passieren ständig Autopannen, woraufhin nicht der ADAC, sondern die große Liebe anrückt. Die Liebe findet immer ihren Weg, und sei sie noch so verboten; wir Eltern sind dagegen völlig machtlos; Jugendliebe hält nicht ewig, bleibt aber unvergesslich; der Gärtner ist der bessere Liebhaber als der Anwalt …

Aber klar ist auch: Beschissene Autos fahren die da in Cornwall – so oft, wie die stehen bleiben. Tzzz, tzz, tzzz!

Nebenbei bemerkt: Die erste Liebe bedeutet nicht immer Sex, auch wenn der Junge älter ist.

Im Grunde ist es geradezu unsinnig, dass sich gleichaltrige Teenager daten: Die Themen und Neigungen sind doch allzu verschieden. Wenn er auf seinen Wunschzettel schreibt, er möchte eine „PS4“ zum Geburtstag, denkt sie vielleicht an „vier Paar Schuhe“.

Solltest du der ersten Liebe deines Kindes dennoch skeptisch gegenüberstehen, dann passe einen günstigen Moment ab und frage sachte nach, was eigentlich so toll an ihm oder ihr ist. Wie habt ihr euch kennengelernt? Und was machen eigentlich die Eltern …?

Halt, stopp, das ist schon wieder falsch, du vergaloppierst dich! Wer die Eltern der Freundin oder des Freundes sind, das ist für uns völlig irrelevant! Auch unsere Kinder lernen die Eltern, wenn überhaupt, oft erst Monate später persönlich kennen. Das ist völlig in Ordnung. Sie kennenzulernen, kann sogar kontraproduktiv sein. Hätte ich die Mutter meiner Frau … aber ich verplaudere mich.

> *„Ich werden den Teufel tun, die Eltern des Freundes meiner Tochter kennenzulernen. Wenn meine Eltern in der Pubertät drauf bestanden hätten … Hilfe! Das ist peinlich für meine Tochter und außerdem: Was mache ich denn, wenn ich die Eltern unsympathisch finde?“*

Noch einmal: Solltest du Bedenken hegen wegen der Partnerwahl deines Teenies, äußere sie ruhig, aber ohne jeden Druck und ohne Forderungen zu stellen. Biete deinem Sohn oder deiner Tochter an, mit jedem Thema zu dir kommen zu können. Nur so bleibst du mit ihnen im Gespräch – nicht durch Verbote.

Verbote sind in diesem Alter das falscheste Mittel und eher ein zusätzlicher Anreiz; mit Verboten treibst du sie von dir weg und geradewegs erst recht in die Arme des Freundes und der Freundin.

Das fast mündige Kind darf und muss entscheiden, ob er oder sie der richtige für sie oder ihn ist. Da ist Geduld gefragt.

Man lasse sich nicht von Rosamunde Pilcher täuschen, wo es nur 90 Minuten dauert …

> *„Ich erinnere mich an den Moment, wo es ins Zeltlager ging und mein Sohn mich nach Kondomen fragte. Ich weiß, ich sollte mir sagen: ‚Herzlichen Glückwunsch, er vertraut dir!' Trotzdem fand ich es merkwürdig."*

Sollte die erste Liebe schief gehen, sind wir Eltern da, um zu trösten. Das ist dann wieder unsere Aufgabe. Doch auch beim Liebeskummer bestimmt der Teenager, wie, wo und wann es langgeht: Möchte er reden oder gerade eben nicht reden, möchte er einfach nur Schokoladeneis essen und Serien schauen? Wir bieten kluge Hilfe an, aber unterlassen unkluge Sprüche.

> *„Ich habe zu meinem Sohn gesagt: ‚Wenn eine Beziehung zu Ende geht, dann sind immer zwei daran schuld. Deine Freundin, aber auch deren Mutter.'"*

Wenn eure Tochter euch irgendwann freudestrahlend mitteilt: „Ich habe einen Jungen geküsst!", dann freut euch mit ihr und klopft euch auf die Schulter. Denn sie vertraut euch, selbst bei einem solch intimen Thema.

Wann lässt man Freund oder Freundin übernachten?

> *„Mein Sohn übernachtet hier mit seiner Freundin jedes Wochenende. Ich habe die Nummer der Eltern für den Notfall, kenne sie aber nicht persönlich."*

> *„Meine Tochter übernachtet sehr oft bei ihrem Freund. Ich vertraue ihr da. Die Eltern wissen Bescheid. Solange sie sich wohlfühlt, ist es für mich in Ordnung. Mein Mann regt sich auch gerade wieder ab."*

Wenn man das Übernachten generell verbietet, treffen sie sich in Spielhallen, Shishabars, auf Rock'n'Roll-Konzerten – wie gesagt, die Liebe findet ihren Weg – und verheimlichen dies mit allen Mitteln, weil sie mit Verständnis von zu Hause ja nicht rechnen können.

Meine kluge Tante Heidi raunte immer: „Wo ein Wille ist, ist auch ein Gebüsch."

„Zwischen Bei-ihr-übernachten und Sex-mit-ihr liegen eventuell noch Welten. Sprich mit ihm, dann weißt du mehr. Ich denke, dass Teenies oft gar nicht so viel vorhaben, wie wir Eltern uns ausmalen. Wenn doch, kannst du eh nix machen, außer dich nachts in die Besucherritze zu legen!"

„Ist es nicht schön, dass er dir so sehr vertraut und dir alles erzählt, statt eine Pseudo-Übernachtung bei Freunden zu erfinden. Zeig ihm, dass du sein Vertrauen verdienst!"

Studien sagen uns, dass seit 2008 Teenager immer länger auf das „erste Mal" warten und auch warten wollen. Trotz Internet und seiner Bilderflut, von der man meinen sollte, dass sie etwas anderes suggeriert. In der Regel sehen sie „das erste Mal" als etwas Besonderes an. Überhaupt ist Treue bei den Teenies ein hohes Gut. Kein Grund also, dass wir uns wüsten Fantasien hingeben …

Ich sehe was, was du nicht siehst: Pornografie

> *„Durch die iCloud kam irgendwie der Verlauf des iPads meines Sohnes auf meinem Rechner an. Dabei habe ich bemerkt, dass er sich ständig Pornos anschaut."*

Vor solch unliebsamen Entdeckungen ist niemand gefeit. Die Teenager tun etwas, was für Teenager vollkommen normal ist:

Sie sind neugierig und wollen Erfahrungen sammeln. Zunächst einmal ist Neugierde natürlich und gesund und die Sexualität von Jugendlichen komplett ihre Sache.

Hab Vertrauen zu deinem Kind. Es wird viele Geheimnisse haben. Und das ist auch gut so. Dafür ist die Pubertät da. Ich denke, dass auch wir so unsere Geheimnisse in unserer Jugend hatten …

> *„Durch Vertrauen bekommt man Selbstvertrauen. Sobald das Kind denkt, dass alles nur funktionieren kann, wenn Mama es kontrolliert oder beobachtet, wird es selbst kein Zutrauen in seine eigenen Handlungen und Entscheidungen entwickeln."*

Von Kontrolle müssen wir uns verabschieden. Kontrolle in Zeiten des Internets wird immer unmöglicher – es sei denn, du hast Spaß daran, in deiner Freizeit Jugendschutzfilter zu programmieren.

Verbote bringen nichts, das hatten wir schon: Dann wird sowieso heimlich geschaut. Den meisten Jugendlichen ist aber doch bewusst, dass Pornos nicht die Realität darstellen.

Mädchen schauen eher selten Pornos. Für Jungs kann es auch eine Art Mutprobe unter Gleichaltrigen sein.

Porno kann so schockierend sein wie Horror, denn Kinder erleben damit einen Grenzübertritt in neue Dimensionen. Ob es was bringt, mit Teenies über Pornokonsum zu reden? Vertraue deinem Fingerspitzengefühl.

> *„Ich habe mit meinem Sohn ein Gespräch über Pornografie geführt. Ich war etwas aufgeregt, aber es lief überraschend gut. Ich habe viele neue Informationen erhalten."*

Der englische Literat D. H. Lawrence, der sich in der Materie auskannte (er verfasste Lady *Chatterley's Lover*, seinerzeit ein

Skandalwerk), urteilte: „Pornografie ist ein Versuch, den Sex zu beleidigen, ihn zu verschmutzen."

Aber auch das muss jede und jeder für sich herausfinden, zum Glück erlaubt die iCloud eine Menge Speicherplatz. Ich persönlich halte es mit dem Wort eines anderen Schriftstellers:

> *„Wenn du nicht zu viel weißt, bist du glücklicher."*
> (Fernando Pessoa, portugiesischer Schriftsteller)

Schlaue Sätze aus der Pubertät oder: „Mit leerem Hirn spricht man nicht."

Wer abends feiern kann, kann mittags aufstehen.

In Pubertät steckt das englische Wort „Pub" drin, weil, die Eltern dürfen dann anfangen zu trinken.

Wir geben Orientierung und Reibung. Manchmal sind wir Eckpfeiler. Manchmal Vollpfosten.

In der Schule war heute beweglicher Ferientag. Ich habe mein Sohn den ganzen Tag beobachtet, mit beweglich hatte das nichts zu tun.

Während der Pubertät ist äußerlich nicht anzumerken, dass man über ein gepflegtes Inneres verfügt.

Wäscheberge – sie werden so schnell groß.

> *„Betrachten Sie Ihre Familie als neues und spannendes Projekt, dessen einzelne Teilnehmer nicht von vorneherein bestens qualifiziert sind!"*
> (Jesper Juul)

18

Warum Teenager auf Distanz gehen und Eltern sich allein fühlen

„Meine Tochter meint, ich solle mich nicht ständig einmischen, und überhaupt würde ich sie nerven. Dies trifft mich irgendwie sehr. Fühlt sich wie eine Ohrfeige an."

„Ich habe keine Ahnung, was meine Tochter den ganzen Tag über so macht. Sie findet, dass mich das auch nichts angeht."

Fühlt ihr euch auch so allein?

Mit 12 Jahren ist die Kindheit vorbei und wir Eltern haben alles gegeben – mit extrem viel Leidenschaft und viel Herz. Unser Kind kann alleine Essen zubereiten (manchmal richtig aufwändig kochen), es achtet selbständig auf Körperhygiene (jedenfalls ab und an), und es weiß etwas über Respekt, Toleranz und Liebe.

Klopfen wir uns ruhig mal selber auf die Schulter: Mission erfolgreich erfüllt!

Ab sofort sind wir Eltern wieder für uns da. Jede Mutter, jeder Vater darf sich sagen:

Ich bin auch wichtig. Ich bin immer noch ich. Und ich darf auch wieder mehr ich sein.

Wir sollten uns zur einsetzenden Pubertät unserer Kinder einen Präsentkorb hinstellen, darin eine Flasche Sekt (zum Anstoßen), ein Wellness-Gutschein (zum Erholen), ein Termin beim Frisör über drei Stunden (zum Wieder-ich-Werden), ein Wochenendtrip mit dem besten Freund oder Freundin nach London (zum Wieder-raus-Kommen).

Lassen wir es mal krachen, ehe wir die nächsten Levels der Kindererziehung angehen!

> *„Die ganze Zeit hockte er nur auf der Bude und auf einmal stürmt er wie blöd nach draußen und treibt sich herum. Fühle mich regelrecht überfahren!“*

Es geht um eine Art „gedankliches Vorarbeiten“: Sobald euer Teenager in die Pubertät kommt, bedeutet das auch, dass ihr wieder etwas weniger Mutter oder Vater, aber dafür mehr Mann und Frau sein dürft – mit neuen Ideen und Zielen für euch selbst.

Wer da mental vorglüht, hat es in dieser Zeit einfacher! (Jugendliche haben mit „Vorglühen“ etwas ganz anderes im Sinn, siehe dazu unser Kapitel über Drogen.)

„Ich weiß, ich sollte loslassen. Das tue ich aber ständig. Jedes Mal, wenn ich meinem Sohn Taschengeld in die Hand drücke.“

Die Teenager wollen ihre eigenen Wege gehen, da müssen wir nicht immer dabei sein, wir stören streckenweise sogar. Aber eins ist sicher: Sie kommen wieder.

Versetzten wir uns an dieser Stelle nochmal in die Lage eines Jugendlichen in der Pubertät. Doch, doch, Empathie muss sein!

Teenager wachen eines Morgens ganz erschrocken auf: Ach du Schande, mit mir muss ich also ein Leben lang klarkommen?! Was heißt das überhaupt, Leben? Was mach ich da? Was kann ich?

Und mein Körper ist ja auch immer dabei. Was kann der denn?

Und mein Gehirn ist im Umbau? Das ist ja wie eine McDonalds-Filiale, die 24 Stunden geöffnet hat. Da sieht es nie aufgeräumt und sauber aus. Im Gehirn werden nonstop Gedanken-Burger gebraten, geplättet und verkauft – und alles ist chaotisch. Und dass bei laufendem Betrieb. 24 Stunden lang!

Es gibt viel zu begrübeln für unsere Teenager. Sie ziehen sich dafür in sich zurück, machen sich Gedanken über sich, die Freunde, die erste Liebe, das Styling und die nächste Party. Dafür brauchen sie Ruhe.

Insgesamt gesehen, versucht man schon, in der Pubertät unsere McDonalds-Filiale, äh, das Gehirn, einem Frühjahrsputz zu unterziehen, aber die Hormone treiben ihr Unwesen. Die Schule nervt, und die Eltern sowieso. Die Teenager fühlen sich gelöchert, ausgefragt und verhört. Kennen wir aus Film und Fernsehen:

„Wie war die Schule?" – „Gut!"

Kein Elternteil ist mit dieser Auskunft jemals zufrieden gewesen.

„Gut? Und was ist mit der Deutscharbeit, habt ihr die schon zurückbekommen?"
„Ich sage nichts mehr ohne meinen Anwalt."

Ein Verhör ist kein echter Dialog. Schon gar kein Gespräch auf Augenhöhe.

Sobald der Teenager das Gefühl hat, ausgefragt zu werden, macht er auf jeden Fall dicht. Das ist so sicher wie das Amen in der Kirche, aber eine ganz normale Reaktion.

Erzählt doch mal selbst von eurem Tag, oder nutzt einen besseren Moment: Geht zusammen was trinken, Eis essen oder shoppen. Auch durch gemeinsame Aktionen wie Kochen, Backen oder Fußball spielen erhöht sich die Chance, in ein Gespräch zu finden. Über den Fallrückzieher von Lewandowski beim letzten Bayern-Spiel kann man schon mal diskutieren!

Hinweis des Autors an alle Mütter:

Damit auch eure Männer das Buch lesen oder zumindest anfassen, können sie jetzt guten Gewissens sagen, dass Lewandowksi und Bayern München drin vorkommen. Es geht eigentlich primär um Fußball. Vielleicht bekomme ich im weiteren Verlauf noch was mit „Grillen" hin …

„Meine Tochter ist 15 und voll in der Pubertät. Sie entgleitet mir, entfernt sich von mir zunehmend und ist längst nicht mehr so offen wie früher. Im Gegenteil, sie macht total zu, auch wenn ich merke, dass sie etwas belastet, und ich sie frage, was los ist. Ich weiß, das ist in dieser Phase normal, und ich will das nicht überbewerten. Aber ich habe

gelesen, dass es für die Psyche von Teenagern gut ist, wenn sie mit ihren Eltern reden und auch ab und zu ihre Gefühle mitteilen."

Dass sich pubertierende Kinder zurückziehen (Jungs oft mehr als Mädels), einsilbig werden, nichts mehr erzählen, ist in dieser Phase völlig normal. Keine Panik.

Wenn Jugendliche wissen, dass sie nicht permanent verbal hinterfragt, sondern stets ernst genommen und nicht ausgelacht werden, dann kommen sie von selbst und erzählen. Subjekt, Prädikat, Objekt. Jede Woche eins – das reicht!

Nur eben nicht auf Knopfdruck.

Ernster wird es, wenn man spürt, dass der Teenager etwas auf dem Herzen hat, er aber nichts sagen will. Schafft für solche Gespräche eine gute Atmosphäre, denn das macht sie etwas redseliger.

Viele Muttis nutzen den „Autotrick": Im Auto können sie nicht weg und man muss sich nicht ständig in die Augen schauen.

Auf dem Weg zur Oma also ruhig mal ein paar kleine Umwege fahren, schon hat man eine halbe Stunde rausgeholt, um über sich und die Probleme der Welt zu quatschen.

Am Ende steht oft der Satz: „Danke, Mama, tat echt gut mal zu quatschen –, aber Oma wohnt doch eigentlich um die Ecke, muss ich mir Sorgen um dein Gedächtnis machen?"

Als Eltern möchte man 100 Prozent an der Gedankenwelt seiner Kinder teilhaben, denn früher waren die Gedanken der Kinder nahezu identisch mit den unsrigen. Das ändert sich jetzt. Das Plappern der Kleinkinder ist auf uns Eltern übergegangen – so empfinden es die Teenager.

„Meine Nele meinte: ‚Mama, du redest so viel, du machst mich echt fertig. Du hast einen RedeFLUSS, ich fühle mich wie eine RedePFÜTZE.'"

Zum Teil liegt es auch an der digitalen Welt – den Smartphones! –, dass sie so wenig mit uns Eltern reden, dafür umso mehr mit den Gleichaltrigen chatten.

> *„Ich beobachte in meiner Kneipe bei uns auf dem Dorf die Jugendlichen, wie sie am Tisch sitzen. Sie sitzen da, reden nichts und jeder ist am Handy. Früher gab es einen Stammtisch, jetzt gibt es einen Stummtisch."*

Wahrscheinlich versuchen sie auch ihre Bestellungen per E-Mail oder WhatsApp aufzugeben…

Akzeptieren wir, dass im Inneren unserer Kinder Veränderungen vonstattengehen! Als Eltern können wir nicht kontrollieren oder steuern, zu welchen Menschen unsere Kinder werden. Wenn wir ihnen das so sagen, ist das nicht uncool, sondern ehrlich. Keine Angst vor Botschaften wie: „Ich nehme dich an, so wie du gerade bist", oder: „Ich werde mein Bestmögliches tun, um dich zu unterstützen".

Sie haben Ihren Kindern im Lauf des Heranwachsens alles Wichtige mitgegeben und dürfen darauf vertrauen, dass sich all das gut in ihrem weiteren Leben integrieren und entwickeln wird. Jetzt benötigen unsere Jugendlichen den Austausch mit anderen, um selbst Erfahrungen zu machen, um sich neu im Leben zu orientieren.

Fazit: Lasst sie grübeln. Sie nabeln sich ab, auch gedanklich! Und dafür brauchen sie Ruhe.

Wenn Mutter und Vater nicht mehr zusammenleben

Völlig allein fühlen wir uns, wenn unser Teenager uns mitteilt, dass er zum Papa oder zur Mama ziehen möchte. Statistisch gesehen trifft das die Muttis eher. Es ist emotional höchst belastend, da man sich dabei leicht als Versager fühlt. Eine traurige Situation.

Manchmal kommen die Teenager auch zurück, wenn sie merken, dass der Alltag beim anderen Elternteil doch nicht so toll ist, wie sie ihn aus dem kurzen Ausschnitt alle zwei Wochen kennen. Ein guter Trailer macht noch keinen guten Film.

Eine Idee wäre, dass man zwei Monate Probezeit ausmacht und sich dann noch einmal hinsetzt.

Aber in dem Moment des Gehens muss man sie gehen lassen. Auch der andere Elternteil kann es gut machen. Und er hat auch ein Recht auf sein Kind. Man sollte versuchen, die Entscheidung des Teenagers nicht zu beeinflussen, schon gar nicht, indem man den Papa oder die Mama schlecht macht. Kinder emotional unter Druck zu setzen, ist das Letzte und führt sie in dem Moment noch viel weiter weg von dir. Lass sie es versuchen!

Hört sich alles logisch und richtig an – wenn nur diese traurigen Gefühle nicht wären …

„Gerne würde ich abends noch ein paar Takte mit meiner Tochter reden, wie ihr Tag so war, ob sie was auf dem Herzen hat. Aber sie geht mir aus dem Weg und sagt bloß lapidar: ‚Ich bin zu müde.' Das ist so schade!"

„Mit einem Teenager reden ist so, als würde man mit einem Baum reden. Beide stehen gerne stur in der Gegend herum, bei beiden schießen die Triebe aus; und manchmal lassen sich Insekten auf ihnen nieder."

19

Fridays For Future: Demonstrieren – ja oder nein?

„Von mir kriegen diese Jugendlichen keine Entschuldigung. Sie sollen erst mal bei sich selber anfangen ... plastikfrei leben, mal aufs Handy verzichten, mit dem Fahrrad zur Schule fahren. ‚Fridays For Future' – so ein Quatsch!"

„Und wieder gibt's eine Diskussion über Sinn oder Unsinn der Demos. Leute, wir sind diejenigen, die den Kindern diesen Lebensstil vorleben. Von uns haben die Kinder die McDonalds-Wegwerfkultur. Die Kids heben dagegen ihre Stimme, das ist ihr gutes Recht, das sehe ich positiv: nur gemeinsam wird sich was verändern lassen ..."

„Die Schüler sollen unbedingt mitmachen, denn es geht um ihre Zukunft, die Zukunft ihrer Erde. Wir alle müssen endlich wieder mehr auf die Straße gehen!"

„Sorry, aber da fehlen mir echt die Worte ... Wenn Schüler ihre Bildung boykottieren, weil sie befürchten, keine Zukunft mehr zu haben, in der diese Bildung aber eine Rolle spielt, dann habe ich dafür kein Verständnis."

Die Jugend ist die dynamische Kraft, der Motor einer Gesellschaft. Nur durch ihr Anderssein bewegt sich eine Gesellschaft. Junge Menschen verändern unser Leben, nicht nur im heimischen Bereich. Und dafür sollten wir ihnen dankbar sein.

Wir sollten ihnen zuhören, wenn sie Missstände ansprechen und dafür auf die Straße gehen. Sie demonstrieren auf den Plätzen dieser Welt, während wir unserer Tagesroutine folgen.

„Meine Kinder dürfen sehr gerne demonstrieren, um sich für ihre Interessen einzusetzen – in ihrer Freizeit. Während der Schulzeit gehen sie in die Schule. Punkt. Da lasse ich nicht mit mir diskutieren."

„Ich demonstriere sogar mit … Die Kinder verpassen nichts, im Gegenteil, meine Erfahrung ist, dass sie sich am Wochenende hinsetzen und nachholen. Solange das klappt, sollte es jede Schule erlauben. Meine Kinder denken ziemlich viel nach, seitdem das Thema so präsent ist. Und nach und nach ändern sich auch einige Verhaltensweisen in unserer Familie. Wir Erwachsenen würden doch auch nicht in unserer Freizeit streiken!"

Für Teenies ist in der Pubertät alles neu. Sie wissen nicht viel von der Welt. Doch sie sind neugierig und lernen täglich. Auch auf digitalem Weg. Sie kriegen mit, wenn etwa Kacke ist, dass vieles auf unserer Erde ungerecht zugeht und nicht rund läuft. Wir machen weiter, aber sie stehen auf, kämpfen sich durch die leeren Pfandflaschen in ihrem Zimmer, ignorieren heldenhaft die unausgeräumte Spülmaschine und gehen auf die Straße, sogar wenn ihre Wetter-App Regen anzeigt – sie protestieren!

„Ich find es so schlimm, wie oft unsere Kinder – was Fridays For Future betrifft – einfach als dumme Gören, die von nichts eine Ahnung haben, hingestellt werden. Natürlich

gibt es immer Mitläufer, die nur mitmachen, weil es alle tun, oder um die Schule zu schwänzen, aber viele sind sich sehr bewusst, um was es geht. Letztendlich handelt es sich um zwei bis drei Schulstunden, die im Monat verpasst werden – das ist im Verhältnis zum ‚normalen' Stundenausfall doch echt wenig."

„Bei der ersten Demo war ich mir sehr unsicher, bis das Signal von der Schule kam, dass man die Entschuldigung zwar nicht unterschreiben dürfe, dass wir Eltern aber trotzdem eine schreiben sollten, sodass die Fehlstunden nicht als unentschuldigt gelten würden. Ich bin jetzt sehr stolz auf meine Kids und ihr Engagement. Ich finde die Energie, die sie entwickeln, bemerkenswert. Und Fakt ist, das die Bewegung niemals so hohe Wellen geschlagen hätte, wenn sie samstags stattgefunden hätte."

„Natürlich gehen unsere Kids trotzdem weiter zu McDonalds. Aber das heißt doch nicht, dass sie sich nicht engagieren!"

Den Jugendlichen sind soziale, gesellschaftliche, politische (und ja – leider – auch schulische) Zwänge mitunter egal. Sie gehen dann raus. Sie besitzen diesen Elan. Sie machen es, weil sie es für richtig halten. Sie beklagen den Zustand der Welt, in dem wir es uns längst gemütlich gemacht haben. (Ich muss ehrlich gestehen: Dass diese Kinder recht haben, kränkt mich am meisten, denn es lässt mich alt aussehen.)

„Was nützt irgendwann eine Eins in Mathe und was ist eine Klassenarbeit wert, wenn es woanders um die ganze Welt geht? Ich würde mir eher mal Gedanken machen, warum es Menschen wie diese Lehrerin gibt, die die Klassenarbeit extra auf Freitag legt."

„Meine Tochter vergisst ihre Busfahrkarte, als sie sich zur Demo aufmacht. Typisch Teenager! Wahrscheinlich postet sie aber alles auf Instagram."

Lisa kommt nach vier Stunden Demo nach Hause und beichtet: „Mama, ich hatte meine Busfahrkarte vergessen!" Und Mama erwidert: „Scheiß drauf, ich bin stolz auf dich!"

„Habe heute in der Zeitung gelesen, das Kyoto-Abkommen war 1997! Und bis heute haben wir unsere Klimaziele nicht erfüllt. Also, wenn ich Schülerin wäre, ich würde wahrscheinlich jeden Tag streiken!"

„Auf der einen Seite regen sich alle auf, dass unsere Jugend politisch uninteressiert ist. Dann gehen sie für ihre Meinung auf die Straße – und das ist uns dann auch wieder nicht recht."

„Unser Sohn darf zur Demo gehen. Wären wir nicht auf die Straße gegangen, würde die Mauer immer noch stehen. Lasst die Kinder was verändern, das ist die nächste Generation. Sie wollen eine andere Welt, sie fordern ihre Welt! Seid nicht so engstirnig."

„Wenn ich mich sonntags hier auf den Marktplatz stelle, hat es so gut wie keinen Nährwert."

„Teenager sind genial. Ich mag die Direktheit, mit der sie Feedback geben, wie mutig sie sind, dass sie sich um vieles einfach nicht scheren. Risiken eingehen, Ärger in Kauf nehmen. Solche Dinge, die wir uns als Erwachsene oft nicht mehr trauen!"

„Ich mach mir die Welt, wie sie mir gefällt!" (Pippi L. aus S.)

Letzten Dienstag, in der Pubertät

Vor Schulen sollte das Schild angebracht werden: „Von hier aus kann ihr Kind allein gehen!"

Auf dem Elternabend kam das Thema Ernährung zur Sprache. Martins Vater meldet sich: „Ich kaufe seit acht Jahren kein Fleisch mehr ..." – Zustimmung von allen Seiten –, „ich schlachte jetzt selbst ..."

„Ich finde es furchtbar, wenn Mütter vor den Umkleiden von H & M stehen und rufen: ‚Hasi, wo steckst du denn?' Noch furchtbarer ist es allerdings, wenn kein Teenie, sondern der Ehemann herauskommt."

„Meine Tochter meinte letztens: ‚Mama, ich zieh mit 19 aus'. Da hab ich mich sehr anstrengen müssen, meine Augen nicht leuchten zu lassen."

„Florian darf, Paul darf. Alle dürfen!"
„Okay, ich rufe Pauls Mutter mal an."
„Weiß nicht, ob er darf."

Der Vater geht mit seinen Freunden zum „Whisky-Tasting". Sein Teenager-Sohn betont, er wolle auch mal sowas machen, was er noch nie ausprobiert hat.

Am nächsten Geburtstag bekommt er ein besonderes Geschenk: einen Gutschein für ein „Frischluft-Tasting".

„Kinder, kommt meckern, Essen ist fertig ..."

20

Raus in die Welt: Betreutes Abenteuer

„Mit 15 war ich zusammen mit zwei Freundinnen in Schweden. Wir sind gewandert, haben im Wald gezeltet, abends zusammen Essen gekocht und sind dabei über uns hinausgewachsen, jeden Tag ein Stück mehr. Das war eine tolle Zeit und ein wichtiger Schritt in Richtung Selbständigkeit."

Gewähren wir Reisefreiheit! Reisen erweitert nicht nur den Horizont, sondern stärkt auch das Selbstvertrauen. Beim Reisen leben unsere Teenager ihren natürlichen Nestfluchttrieb aus. Wenn wir Eltern es ihnen nicht zu schwer machen, sondern sie nach bestem Wissen und Gewissen unterstützen, finden sie auch ganz bestimmt wieder nach Hause. (Und verbieten wir ihnen das Reisen, finden sie vielleicht ganz andere Fluchtwege, die wir nicht mehr überblicken …).

Es kommt natürlich immer auf die jeweiligen Umstände an. Wir haben die Verantwortung und sollten die Flugfähigkeit nicht fahrlässig voraussetzen, sondern ganz genau überlegen, was wir glauben unseren Kindern zutrauen zu können. Dass wir uns immer und zu jeder Zeit irgendwelche Sorgen machen, ist auch völlig normal.

Die Sorgen, die wir uns machen, weil unsere Kinder erst 14 oder 15 sind, verschwinden nicht, wenn sie 17, 18 oder 19 Jahre alt werden. So wie die Kinder lernen müssen, flügge zu werden, so müssen wir lernen, loszulassen. Mit 40 bis 50 Jahren sollte das langsam gelingen.

> *„Mein Sohn will mit seiner Freundin mit dem Flixbus nach Italien reisen. Die Mutter der Freundin hat ernsthaft angeboten, die beiden mit dem Auto zu begleiten …“*

> *„Meine Tochter (16 Jahre) will mit ihrem Freund (17 Jahre) nach Spanien fahren. Mit dem Zug. Ganz allein. Was soll ich davon halten?“*

Was für eine Frage! Ehrlich gesagt, ich wäre neidisch auf die beiden. Was gibt es Schöneres, als frisch verliebt aufzubrechen, gemeinsam durch die Gegend zu ziehen und mit großartigen Erlebnissen und einem reichhaltigen Erfahrungsschatz zurückzukommen?

Belasten wir unsere Teenager bloß nicht mit eigenen Bedenken und Befürchtungen! Sie wachsen ohnehin in einer allzu kontrollierten Welt auf. Was sie brauchen, sind Freiräume. Lassen wir sie einfach mal losfahren, und freuen wir uns mit ihnen über ihre Abenteuer.

Und sollte ein Abenteuer mal scheitern, sind sie alt genug, den Weg nach Hause zurückzufinden.

Nebenbei gesagt: der erste gemeinsame Urlaub ist ein Prüfstein für eine junge Beziehung und enorm wichtig, um auch auf diesem Gebiet Erfahrungen zu sammeln.

> *„Mein Verstand sagt ‚Ja'. Mein Gefühl sagt ‚Nein'. Und mein Fotoalbum sagt: ‚Du warst mit 16 selbst mit deiner Freundin auf Ibiza …'"*

Ein anderes Thema, und weitaus heikler, sind Kontakte und Beziehungen, die unsere Kinder über die sozialen Netzwerke eingehen.

> *„Mein Sohn wollte eine Facebook-Bekanntschaft treffen. Er war 15. Sie wohnte 200 Kilometer von hier entfernt, er wollte mit dem Zug hinfahren. Das habe ich rundweg verboten. Nicht in dem Alter!"*

Die Zugfahrt mit der Deutschen Bahn sehe ich erst mal nicht als besonderes Wagnis. Aber jemand Fremden zu treffen, ohne irgendwelche Hintergründe zu kennen, ist tatsächlich ein No-Go. Es ist vollkommen verständlich, dass sich vor dem geistigen Auge Horrorszenarien abspielen, ob wir wollen oder nicht (dazu sind wir zu sehr von *Aktenzeichen XY, ungelöst* sozialisiert). Da müssen die Warnlampen aufblinken.

Aber bleiben wir alles in allem entspannt. Ihr kennt mich ja jetzt schon einige Seiten und wisst, das ich dafür plädiere, gechillt zu bleiben. Eine Internetbekanntschaft ist insofern eine Gefahr, als dass sie sich nicht als die Person entpuppt, die man glaubte, treffen zu können.

(Das weiß jeder, der sich schon mal auf ein ‚blind date' eingelassen hat; der Aha-Effekt oder besser: der Oha-Effekt kann ein Schreck fürs Leben sein.)

Wollen unsere Kinder fremde Menschen in der Ferne treffen, haben wir als Eltern das Recht, diese fremde Person im Vorfeld kennenzulernen, zum Beispiel per Skype. Noch besser bekommt man bei einem Gespräch von Angesicht zu Angesicht einen Eindruck vom Gegenüber, ob jemand sympathisch und vertrauenswürdig ist.

Versuchen wir, den Menschen vorurteilsfrei zu begegnen. Gebt euch eine Chance, euer kostbares Bauchgefühl walten zu lassen. (Selbst so manches ‚blind date' hat sich im Fortgang noch als nett herausgestellt.)

Und dabei nie den Sparkassen-Grundsatz vergessen: „Verschafft euch Sicherheiten!"

Personalien, Adressen, Führerschein und Fahrzeugpapiere, bitte.

Im Zweifelsfall können wir Eltern sogar mitfahren und unsere Kinder begleiten – nicht unbedingt als Aufpasser, aber ein Kurztrip in eine andere Stadt kann für alle ein willkommenes Freizeiterlebnis sein.

Vielleicht wohnt ja auch eine Tante oder eine sehr gute Freundin in der Gegend, die man bei der Gelegenheit besuchen kann; oder wir spannen Bekannte vor Ort zur ‚Überwachung' unserer Teenager ein. Alles möglich, hier darf man kreativ sein.

Auf den Einsatz von ‚Bodycams' oder Fußfesseln würde allerdings eher verzichten …

Und was spricht dagegen, die Richtung umzukehren? Euer Kind könnte die betreffende Person auch zu euch einladen. Es gibt viele Optionen, die unsere Sorgenfalten aus dem Gesicht zaubern.

„Mein Sohn, er ist 15, will in den Herbstferien in die Schweiz zu einem ‚Clantreffen'. Er wohnt da bei einem anderen Jungen und seinen Eltern."

Erst mal eine Begriffsklärung: „Clantreffen" hat nichts mit schottischen Familien zu tun und ist auch nichts Kriminelles („Der Clan, der seine Feinde lebendig einmauert", Franco Nero 1971), sondern bezeichnet eine Veranstaltung für Online-Gaming. Jungs hocken sich zusammen, um zu daddeln.

(Für Nicht-Gamer durchaus ein Gefühl, lebendig eingemauert zu sein, aber lassen wir das.)

Teenager finden über ihre gemeinsamen Interessen Gleichgesinnte zunehmend im Internet. Es ist eher unwahrscheinlich, dass Online-Bekanntschaften gleich um die Ecke wohnen. Aber hören wir unseren Kindern zu, wenn sie uns ihre Pläne mitteilen, und lehnen sie nicht gleich kategorisch ab. Schenken wir ihnen Vertrauen, aber teilen wir ihnen auch unsere Bedenken mit.

Oft sind Teenager über Internetgefahren ganz gut aufgeklärt und von sich aus sehr vorsichtig. Im Gespräch sollten wir die Situation sachlich analysieren und die Frage klären: Was trauen wir unseren Kindern zu?

„Mein Sohn wollte zum Clan-Treffen nach London fahren. Das habe ich ihm nicht erlaubt. Ein paar Wochen erzählte er mir von seinem Wunsch, ein Auslandsjahr zu machen. Das fand ich gut. Ich fragte: ‚Was schwebt dir vor?' Er antwortete: ‚London.'"

Wenn Jugendliche sich etwas in den Kopf gesetzt haben, können sie ihr Ziel wirklich hartnäckig und gnadenlos verfolgen. Natürlich nicht ewig, aber eine gute Zeit lang schon. Ich zum Beispiel wollte mit 15 ein Mofa, mit 19 nicht mehr.

Geht es um reine Spaßtouren ins Ausland, haben wir sowieso alles Recht der Welt, auch mal „Nein" zu sagen. Die Frage der Finanzierung ist ja auch nicht ohne. Sind unsere Teenies so findig, dass sie für ihre Reisekosten selbst aufkommen und Logis vielleicht bei Freunden oder Gleichgesinnten finden, relativiert sich das Verbot schon wieder. Sind sie dann noch so vernünftig, ihren Spielekonsum verantwortungsvoll zu gestalten und können gute schulische Leistungen vorweisen, haben sie uns fast schon weichgeklopft.

Wir sehen: Es kommt immer auf den Einzelfall im Kontext an!

(Sonst hieße unser Motto auch nicht „Chill mal", sondern „Verbiet mal" …)

Konzertbesuche

> *„Meine Tochter will mit ihrer Freundin auf ein Konzert, dabei ist sie gerade mal 14. Und sie möchte unbedingt allein gehen, ohne Erwachsenenbegleitung. Darf sie das überhaupt?"*

Ja, der Tag wird kommen, manchmal später, manchmal früher, da werden unsere Teenager auf Konzerte gehen wollen. Oder zu irgendwelchen YouTubern. Wenn wir Glück haben, sind es aber nur Konzerte. Konzerte jeder Couleur: schmalzige, poppige, rockige – oder diese Deutschrap-Dinger, wo wir Eltern nicht so gern sehen:

> *„Das Leben ist eine Bitch, ich weiß, von was ich rede."*

Das ist nicht Rilke, Heidegger und schon gar nicht Johann Wolfgang („Leck mich") Goethe. Nein, auch nicht Lukas Podolski. Das ist Capital Bra.

> *„Prinzipiell würde ich eine 14-Jährige ohne eine volljährige Begleitperson nicht gehen lassen. Das hängt natürlich auch ein wenig vom Kind und von der Veranstaltung ab. Geht sie mit Freunden? Ist das Konzert bestuhlt? Ist eine Konzerthalle oder ein Rockschuppen?"*

Vielleicht doch lieber Capital Bra als Modern Talking, die Kinder sollen sich schließlich abgrenzen von uns alten Säcken. Wir hatten als Jugendliche schließlich auch keinen Geschmack. (Und wenn sie zu Helene Fischer möchten, überraschen wir unsere Teenies vielleicht doch mal mit Freikarten für Capital Bra …)

Aber zurück zur Frage: Konzertbesuche (die natürlich abends stattfinden) für Minderjährige – wie ist die Lage?

Gesetzlich ist die Begleitung eines Erwachsenen vorgeschrieben. Es müssen aber nicht die Eltern sein. Seit 2002 gibt es den berühmten „Mutti-Zettel". Mit ihm erteilen die Eltern für die Dauer einer Veranstaltung einer Person ab 18 Jahren den Erziehungsauftrag.

Die Webseite muttizettel.net gibt hier detailliert Auskunft und sogar Druckvorlagen. Ach, wenn's das doch für alles gäbe …

Auch ist es ratsam, die Homepage des Konzertveranstalters aufzurufen, dort finden sich in der Regel konkrete Hinweise zu Altersangaben und Jugendschutz.

Natürlich kann man mit der Tochter oder dem Sohn einfach auf das Konzert mitgehen. Das birgt zwei Nachteile: Zum einen könnte es gut sein, dass man die Musik eigentlich nicht so gut findet … und: Man muss nüchtern bleiben!

Die Väter stehen meist hinten in der Halle und hoffen, dass es irgendwo ein „Bällchenbad“ für große Jungs gibt – in Form eines Tischkickers, Pool-Billards und diverser Flipperautomaten. Sie können dort auch nicht verloren gehen: „Nele, der große Robert möchte bitte im Väter-Paradies abgeholt werden …“

Ein Bällchenbad wünschen sich Väter übrigens auch für Outlet-Stores …

Also: Mitfahren kann eine Lösung sein, verlangt aber Stehvermögen: Grausam die Musik, die Texte nicht minder, und kein Bier weit und breit. Aber darum geht es an diesem Abend nicht. Die Teenager sollen und dürfen einfach nur Spaß haben.

Wir Erwachsenen behelfen uns zur Not mit Ohropax.

„Ich würde für meinen Sohn auf jedes Konzert gehen. Egal, wie schrecklich ich es finde. Ich war letztens mit ihm bei einem HSV-Spiel, da hat das Pfeifkonzert volle 90 Minuten gedauert.“

„Justin Bieber hat sich bei einem Konzert das Handy eines Mädchens aus der ersten Reihe geschnappt, ein Selfie mit ihr gemacht und es ihr danach zurückgegeben. Eine schöne Geste, leider erlitt er eine leichte Gehirnerschütterung, als danach 2000 Handys auf die Bühne flogen.“

21

Erwartungsarbeiten: Wenn Teenie eine Reise tut, dann kann er nix erzählen

„Mein Sohn ist 15 und verabredet sich so gut wie gar nicht. Das sei bei den anderen auch so, meint er. Er hängt immer zu Hause rum und unternimmt höchstens was mit uns Eltern. Für ihn scheint das okay zu sein. Mir tut es in der Seele weh."

Der vorletzte Satz ist entscheidend: Es ist für ihn okay. Ich war damals auch sehr gerne allein zu Hause. Es kamen selten Kinder zu mir, dafür Einbrecher, die ich heldenhaft verjagen konnte, siehe die Verfilmung *Matthias – allein zu Haus* …

Quark, es kamen mich selten Kinder besuchen, weil mein Vater sie mit seinem Feinripp-Unterhemd verschreckt hat …

Ab und an bin ich Kumpels besuchen gegangen, habe nebenher Zeitungen ausgetragen und auch weiter Fußball gespielt. Ich fand das okay, und so geht's vielen Teenies. Wenn sie sich zurückziehen, ist das nicht gleich eine Indikation. Wir sollten das akzeptieren und sie bloß nicht mit der unseren Vorstellungen von sozialem Leben quälen.

Mitleidsgefühle („er tut mir so leid …") sind wirklich fehl am Platze. Ob es ihnen gut geht, ist der beste und einzige Gradmesser.

Außerdem: Warum sollte man einfach mal nichts machen dürfen?

Warum erwarten wir von jemandem, sich unter Menschen zu begeben? Die Teenies müssen sich – gerade in der Pubertät – mit sich selbst beschäftigen. Grübeln, chillen, grübeln, chillen. Eltern, die dies nicht zulassen, unterbinden eine ganz wichtige Phase ihrer Kinder.

Was machen wir in den Ferien? Urlaub!

Und jetzt kommt der Kicker, der Oberhammer: Was machen Teenager in den Ferien? Auch dann hocken sie zu Hause!

> *„Ein so geiles Wetter draußen, aber er sitzt in seiner Dunkelkammer und ist am Zocken. Das macht doch keinen Spaß!"*

Ich denke, ehrlich gesagt schon, dass dürfte ihm durchaus Spaß machen. Ich habe mich in den Ferien auch gerne zurückgezogen. Gerade nach einem anstrengenden Schuljahr, das sie heute mehr denn je fordert (Stichwort G8 – achtjähriges Gymnasium), brauchen sie das in dieser Zeit. Bei mir war es jedenfalls so, ich habe Super-Nintendo gespielt und das auch gebraucht, jawohl! (Danach habe ich übrigens gar nichts mehr gespielt; es kommt der Zeitpunkt, da hängt einem *Super Mario Bros.* zum Hals raus, da erschöpft sich jedes Spiel. (Wobei Super Mario Kart … geht eigentlich immer …)

> *„Früher war er nur am Zocken. Jetzt ist er nur noch unterwegs. Früher fand ich es besser, da wusste ich wenigstens, wo er ist."*
>
> *„Ich habe ständig Bücher gelesen. Meine Mutter hat das tierisch aufgeregt. Nur lesen, lesen, lesen …"*

Merken Sie was? Was die Teenies auch machen, sie machen es uns nicht recht: Entweder, sie hocken nur in ihrer Höhle und verblassen, oder sie sind nur auf der Rolle und verduften.

Und wer den Geruch von zehn Deodorants auf der Teenager-Haut kennt, der merkt, dass hier die Formulierung „verduften" sehr gut passt. Denn das beliebteste Deo unter Teenagern heißt: „Fa Nivea Axe Dove Rexona Loreal Balea und irgendwas von Papa!"

Die Familie kommt damit klar. Das Kaninchen schafft es mittlerweile ganz allein, sich eine Wäscheklammer auf die Nase zu setzen.

Lasst sie machen. Es wird anders. Es ist, das wissen wir doch, alles eine Phase, eine Phase, eine Phaaaaaaase!

Geht es doch noch einmal (vielleicht zum letzten Mal) mit pubertären Teenagern in die gemeinsamen Ferien, so wird es nicht so sein wie in den Jahren zuvor. Wir haben keine Kinder mehr an unserer Seite, die mit uns über Berge klettern und über Meere staunen, die uns willig überall hin folgen, ob radelnd, segelnd oder wandernd. Wir haben es mit zwangsverschleppten Jugendlichen zu tun, die nur mit aufwändigen Mitteln und komplizierten Tricks zu motivieren sind. Ich habe Teenies erlebt, die am Fuße eines aktiven Vulkans mehr mit dem Download der nächsten Folge von *Stranger Things* beschäftigt waren als mit dem einmaligen Naturschauspiel.

Ob Las Vegas, Hollywood, Disneyland: Teenager betrachten Urlaub oft anders als man selbst. Eltern wollen was sehen. Der Teen will chillen. Pubertät ist anstrengend genug.

Ältere Teenager kann man in die Urlaubsplanung mit einzubeziehen versuchen, sodass sie nicht meckern können, weil sie den Urlaubsort ja mitentschieden haben. Wobei wir uns dann höchstwahrscheinlich von unseren Vorstellungen eines gelungenen Urlaubs verabschieden müssen.

Hauptwunsch wird ohnehin einwandfreies WLAN sein.

„Nein, Anne-Sophie, das ist kein Handy-Mast. Das ist der Eifellturm."

Und klar: Gleichgesinnte Chiller mit einzupacken, ist ebenfalls eine Lösung. So könnten wir Eltern vor Ort unser Urlaubs-Ding durchziehen, ohne uns mit dem Nachwuchs zu zoffen, weil er oder sie die weltberühmte Kulturstätte null Komma null interessiert, und ohne ein schlechtes Gewissen haben zu müssen, weil wir sie oder ihn in der Unterkunft allein zurücklassen.

„Auf dem Kreuzfahrschiff ging unser Teenager mit seinen Kumpels immer erst um 4 Uhr morgens in seine Kajüte. Wir hatten nichts dagegen. Zwei Bedingungen: eine gemeinsame Mahlzeit, und er soll vor dem Schlafengehen schon mal unsere Handtücher über die Liegen legen."

Schlaue Sätze aus der Pubertät oder: „Das heißt nicht Schule schwänzen, das heißt Homeoffice."

Lehrer: „Wir lesen *Der gestiefelte Kater.*"
Schülerin: „Vom wem?"
Lehrer: „Gebrüder Grimm."
Schülerin: „Nee, von wem die Stiefel sind?"

„Ich wollte von meiner Tochter wissen, was ein Follower ist. ‚Jemand, den mein Privatleben interessiert', erklärte sie. ‚Ach', sagte ich, ‚bei uns auf dem Land hieß das Nachbar'."

Mein Teenie-Gehirn sagte am Morgen danach: „Was für eine geile Party!"

Mein Erwachsenen-Gehirn sagt: „Mach das bloß nie wieder!"

Mutter: „Magst du nicht mal ein wenig an die frische Luft gehen?"
Teenie: „Ach nö, ich habe heute schon gelüftet."

„Ich war als Kind so langsam, dass sie mich bei den Bundesjugendspielen für den 100-Meter-Lauf mit Sonnencreme eingeschmiert haben."

22

Und was ist mit … äh … Vergesslichkeit?

Ist es normal, dass sie einfach ALLES vergessen?

„Der Teller gehört in die Spülmaschine. ‚Habe ich vergessen!' Warum hast du nicht gesagt, dass ich das unterschreiben soll? ‚Habe ich vergessen!' Wieso erfahre ich jetzt erst, dass in zwei Stunden Elternabend ist? ‚Habe ich vergessen!' Es macht mich rasend!"

„Immer das Gleiche vor dem Urlaub: Ich sage, er soll packen und nichts tut sich. Am Ende schmeißt er zwei Unterhosen für 14 Tage Urlaub in die Tasche. Ich sollte ihn einfach mal auflaufen lassen!"

Warum den Urlaub schon mit Stress beginnen?

Kinder packen nie, wie man sich das vorstellt. Aber das kann man ja kompensieren. Man fährt ja als Familie in Ferien, und schon allein wegen des Gewichtes der Koffer packt man eigentlich zusammen. Der eine nimmt was vom anderen mit etc.

Dabei unterstützt man sich – zumal man auch Dinge wie Sonnencreme gemeinsam benutzt.

Ich würde Teenies packen lassen, je nach Alter einen Blick hineinwerfen und noch Fehlendes ausgleichen. Zwei Unterhosen für 14 Tage können nur rhetorische Übertreibung sein.

Dennoch würde ich mir vor Reiseantritt seinen oder ihren Reisepass zeigen lassen.

> *„Mein Bruder sollte Mama anrufen, sobald er bei der Klassenfahrt gut mit dem Bus in der Jugendherberge angekommen wäre. – Er scheint immer noch unterwegs zu sein.“*

Jugendliche können sehr vergesslich sein. Noch dazu sind sie ziemlich verpeilt.

> *„Mama, ich habe ein tolles Parfum entdeckt, das muss ich unbedingt haben. Es heißt* Tester.*“*

> *„In den Tiefen seines Rucksacks habe ich eine Einladung für den Elternabend gefunden. Leider konnte ich nicht mehr teilnehmen. Mein Sohn hat vor zwei Jahren Abitur gemacht.“*

Wer studiert schon die Gebrauchsanweisung, legt sich das passende Werkzeug zurecht und plant die einzelnen Arbeitsschritte, bevor er einen neuen Ikea-Schrank aufbaut? Sehen Sie, ich auch nicht. Lieber erst mal loslegen.

Genauso chaotisch gehen die Umbauarbeiten im Gehirn der Teenager vonstatten. Die Bauleitung macht Pause, die

Aufsichtsbehörde lässt sich nicht blicken, das Feld gehört bis auf Weiteres den Emotionen. Organisation und Struktur und Disziplin müssen da erst mal zurückstehen.

Sobald die Synapsen im Gehirn neu verknüpft sind, legt sich die „Pubertätsdemenz" aber wieder. Vielleicht können Mütter etwas Nachsicht aufbringen, wenn sie sich noch an ihre „Schwangerschaftsdemenz" erinnern.

(Obwohl die Wissenschaft uns sagt, dass es sich hierbei nur um Übermüdungserscheinungen handelt. Hmm. Vielleicht sollten wir für unsere Teenies einen Eimer kaltes Wasser bereitstellen.)

Was das Thema Vergesslichkeit angeht, sollte man nicht allzu streng sein und versuchen, es mit Humor zu nehmen. Die Teenager können oft wirklich nichts dafür, machen es auf keinen Fall mit Absicht und sind selbst genervt von ihrer Schusseligkeit.

> *„Es war später Samstagabend, als ihm einfiel, dass er für den Schulbasar am Sonntag einen Kuchen backen sollte. Was glaubte er denn, wo ich plötzlich die Zutaten hernehmen sollte? Ich war schwer in Versuchung, ihm mit einem Förmchen in den Sandkasten zu schicken."*

Teenager haben andere Prioritäten, ob wir das wollen oder nicht. Schulische Mitteilungen an die Eltern oder der letzte Woche eingetupperte Eiersalat können da schon mal in der Schultasche verbleiben. Was uns Erwachsene wie Desinteresse oder Faulheit anmutet, ist in Wahrheit vielmehr Prioritätensetzung, eine im späteren Berufsleben hochgeschätzte Fähigkeiten.

Dinge, die ihnen wirklich wichtig sind, werden nicht vergessen. Das Handy zum Beispiel. Es ist ein treuer Begleiter, stets aufgeladen und mit den aktuellsten Apps bestückt, und wenn der Lehrer auf Klassenfahrten die elektronischen Geräte einsammelt, dann sollte er besser kontrollieren, ob in der Handyhülle wirklich das Handy steckt (Not macht eben erfinderisch). Während die Busfahrkarte ganz gut auf dem Schreibtisch aufgehoben scheint. Man könnte sie ja sonst eventuell verlieren. Oder der gute, alte Turnbeutel: Das muss ein schlechter Teenie sein, der niemals seinen Turnbeutel vergaß.

Ich übrigens habe meinen Turnbeutel tatsächlich nie vergessen. Er wurde mir immer hinterher geschleudert. (Vielleicht hatte niemand Lust, den üblen Geruch, der von ihm ausging, zu ertragen. Und meine Mutter schafft mittlerweile 40 Meter beim Hammerwurf.)

> *„Jeden Morgen stürzt meine Tochter Hals über Kopf aus dem Haus. Sie ist so was von desorganisiert. Heute sollte ich ihr zwischen Tür und Angel noch schnell was für die Schule unterschreiben. Aber ich muss doch wissen, was ich da unterschreibe! Was für ein Theater …"*

Vergesslichkeit hat ihre Nuancen: Chaos, Leere im Gehirn, Abgelenktheit, Versäumnis, Dusseligkeit, Gedächtnisschwäche – suchen Sie sich etwas aus …

Aber mal ehrlich: Wie oft steht man im Keller und fragt sich: „Was wollte ich hier eigentlich?" Um letztlich nur feststellen zu können: „Keine Ahnung!" Um dann vier Stunden später im Büro einen Geistesblitz zu haben: „Ich wollte ja nach den Winterreifen schauen!" Um dann nach acht Stunden wieder im Keller zu begreifen: „Ach, die liegen ja bei meinen Eltern!"

Eine Freundin von mir hat in all der „Kinderhektik" ihren vollen Einkaufwagen neben dem Auto stehen lassen. Da stand er dann, vollgepackt mit Einkäufen, mitten auf dem Parkplatz des Supermarkts. Nachdem sie zu Hause ihren Kaffee vermisste, fuhr sie schnell zurück. Der Einkaufswagen stand immer noch da – und um ihn herum ein Sprengkommando des SEK.

Aus diesen Erfahrungen heraus bin ich kein Freund des „Auflaufenlassens". Wir alle machen Fehler und vergessen Dinge. Und wir wissen um die Vertracktheiten in der Pubertät. Verständnis aufzubringen, scheint mir der bessere Weg. Sonst verhakelt man sich schnell in unnötigen Kleinkriegen.

In der Familie sollte ein Miteinander herrschen und kein Gegeneinander: erinnern helfen, mitsuchen, unterstützen, Gespräche führen.

Harsche Konsequenzen sind meistens fehl am Platz. Es sei denn …

> *„Mein Sohn hat seine Fußballschuhe schon des Öfteren in der Kabine liegengelassen. Sie sind auch nicht wiederaufgetaucht. Soviel Geld haben wir nicht, dass wir alle paar Wochen neue Treter kaufen können. Er muss jetzt seine Karriere an den Nagel hängen – oder mit den alten ‚Schuhen spielen, bei denen die Stollen runter sind. Am besten wäre es natürlich, er würde lernen, auf seine Sachen achtzugeben."*

Dass wir unserem Nachwuchs nicht jeden Wunsch per se von den Lippen lesen, ist mehr als verständlich und sollte dem Teenager auch genauso klar kommuniziert werden. Es ist unglaublich, was sich in den Fundbüros der Schulen und Turnhallen ansammelt, Pullover, Jacken, Schals, Turnschuhe, Trinkflaschen, Uhren, Referendare…

Und erschreckend ist auch, dass diese Dinge scheinbar gar nicht vermisst werden (Referendare natürlich schon), jedenfalls wird längst nicht alles nachgefragt und abgeholt. Daraus spricht keine Wertschätzung, sondern eine Ist-doch-wurscht-Haltung.

Und die ist kein gutes Signal an uns Eltern, die wir für diese Dinge das in der Regel sauer verdiente Geld locker machen. Wir haben daher das Recht, zu bestimmen, dass unser Sohn erst mal keine neuen Fußballschuhe im neuesten Design braucht, ein Paar gebrauchte tun's schließlich auch mal.

(Mein Gott, die Weltmeister von 1954 haben sich gegenseitig Schuhe ausgeliehen und mit einem Ball aus den Nasenhaaren von Sepp Herberger gespielt, jawohl!)

Es sei denn, der Filius hat einen Job und verdient sich eigenes Geld. Das kann er natürlich gerne in neue Schuhe investieren. (Schließlich will ich als sein größter Fan ihn beim nächsten Spiel wieder jede Menge Tore schießen sehen …)

Ich plädiere dafür, zwischen einem Versehen und einfach nur schlampigem Verhalten zu unterscheiden. Wer, wenn nicht wir Eltern, hilft unseren Kindern „aus der Patsche", das machen wir sogar gerne. Aber die Einstellung muss bei den Kindern stimmen, und dafür tragen wir die Verantwortung und dürfen uns nicht beschweren, wenn bestimmte Verhaltensweisen einreißen, weil wir sie aus falsch verstandener Toleranz (oder Faulheit oder Schwäche, weil wir dem Konflikt aus dem Weg gehen wollen) dulden. Das gilt es zu erspüren und eventuell auch im Gespräch zu klären.

Vergesslichkeit ist keine Entschuldigung für mangelnde Eigenverantwortlichkeit. Hätten meine Eltern mir in meiner Jugend richtige Fußballschuhe gekauft, ich hätte sie nie verloren.

(Natürlich, weil ich sie im Turnbeutel aufbewahrt hätte.)

> *„Mama, ab sofort musst du meine Termine organisieren und auf meine Sachen aufpassen, ich habe jetzt Pubertät."*

Haben wir noch was vergessen?

Den Kuchenbasar am Sonntag, au weia!

Keine Panik, hier ist unser „Der-Countdown-läuft“-Rezept für den schnellsten Kuchen der Welt:

Joghurt-Kuchen

4 Eier, 1 Becher Öl, 1 Becher Joghurt, 4 Becher Mehl, 1 Packung Backpulver.

Alles in eine Schüssel geben und verrühren; mit der Masse anschließend eine Backform füllen und bei 180 Grad Ober-/ Unterhitze für 60 Minuten backen.

Fertig. Fröhlicher Teenager, heldenhafte Eltern, Fall gelöst!

Letzten Dienstag, in der Pubertät

Liebeskummer einst und heute:

Werther, damals: „Lieber Freund, ich will mich bessern, will nicht mehr ein bisschen Übel, das uns das Schicksal vorlegt, wiederkäuen, wie ich's immer getan habe; ich will das Gegenwärtige genießen, und das Vergangene soll mir vergangen sein."

Benedikt, heute: „Ey, Mann, wieso schreibt sie mir nicht, sie ist doch online?!"

„Mein Teenie blättert letztens in der Zeitschrift *Psychologie Heute* und liest mir vor: ‚Du, hier steht, man soll sich seinen Körper zum Freund machen.' – ‚Genau", sagte ich, ‚und es wäre toll, wenn du deine Freundschaften pflegen würdest.'"

„Wenn sich Teenies in der Küche was zu essen gemacht haben, hinterlassen sie ein Stillleben aus Toastbrotkrümeln, Schnittlauch-Mikado, verschmiertem Quark und Apfelsaftreste in einem leeren Nutellaglas. Sie zeigen uns damit, was in ihren Leben alles so abgeht …"

„Dein Lehrer sagte mir, du hättest zu viele Fehlstunden. Lass uns mal ins Café Extrablatt gehen und in Ruhe darüber reden."

„Ja, können wir machen, aber ich war da heute Morgen schon."

Frühling, aber draußen nur 15 Grad.

„Mutti, darf ich bauchfrei tragen?"

„Du weißt schon, was die Wissenschaft sagt: An Stellen, wo der Körper unbedeckt ist und Kälte empfindet, setzt er Fett an."

„Mutti, wo ist mein dicker Pulli?"

Pubertät – es war mir eine Lehre, dich kennenzulernen!

23

Fazit am Limit: Ist das Pubertät, oder kann das weg?

Die beste Nachricht vornweg: Die Pubertät geht vorbei. Irgendwann fällt der Groschen, es macht tatsächlich ‚Klick!' und unsere Teenager entschwinden dem emotionalen Nebel und sind zu großartigen Erwachsenen geworden.

Das heißt, manchmal erscheinen sie uns als robuste Erwachsene, oft aber noch als süßes Kind: Die sogenannten Schizo-Hormone übernehmen das Ruder!

Zur Entwicklung ihrer Persönlichkeit benötigen sie starke Eltern, die mit Ruhe einen Weg vorgeben, aber auch mal eine Grenze setzen. Diese Orientierung, aber auch diese Reibung, brauchen Teenager.

Es ist wie bei einem ewig andauernden Musikfestival. Man ist irgendwie total fertig, komplett übermüdet, aber man kann stolz sagen: Ich war dabei!

Für die Jugendlichen kommt die Erfahrung einer „Synapsenkirmes" gleich: Stellen sie sich vor, man nimmt das Gehirn ihrer Tochter heraus, schüttelt es so kräftig, bis es komplett durcheinandergebracht ist – und setzt es wieder ein.

Mit diesem Gehirn gehen die Jugendlichen durch die Pubertät. Das muss sie ja verwirren, hat aber den Effekt, dass die Teenager ihre Aufmerksamkeit von nun an mehr auf sich richten.

Damit geht der uns bereits bekannte Prozess des Ausprobierens einher, der sich auf die verschiedensten Bereiche erstreckt: Jogginghosen in der Schule, Sneakers im Winter, zwei Apfelsinen im Haar und an der Hüfte Bananen (halt, das war ein Schlager von France Gall).

Aber wie schaffen es diese Teenies, tagelang ohne Dusche auszukommen?

Ausprobieren, try and error – im Fall des Duschens ein Error, den wir schon lange ausgemerzt haben. Hoffentlich.

Natürlich kommt es zu Zoff, Protest und einem verbalen Kräftemessen mit den Eltern. Zusammengefasst: Die Stimmung und die Wäsche liegen am Boden.

Während der Pubertät gilt es eine Balance zu finden: den Teenager nicht zu sehr zu nerven und trotzdem für ihn da zu sein, ihm beispielsweise weiterhin gemeinsame Unternehmungen anzubieten.

Denn es gibt nichts Schlimmeres, als wenn ein Teenager das Gefühl hat, dass seine Eltern sich nicht mehr um ihn kümmern!

Bildlich gesprochen: Die Tür immer offenlassen.

Denn dies ist das Wichtigste: das Gespräch!

Gemeinsames Aushandeln, klare Absprachen, aber auch immer einfach nur ins „Quatschen" kommen. Auf Augenhöhe. Denn die Erziehung ist jetzt vorbei.

Das war einmal. No more Mister Wiseguy.

Geht in Beziehung! Nicht Erziehung, sondern Beziehung ist gefragt. Rumerziehen dürft ihr weiterhin an euren Partnern, hehehe.

Teenager gehen nicht nur in Beziehung, sondern gerne mal ins Extrem: Null Bock auf Schule, ständig „Fortnite" zocken und permanent am Smartphone hängen. Das wird sich normalisieren. Auch das geht vorbei. Denn es gibt in der Pubertät etwas, was immer auf unserer Seite ist: die Zeit!

In der Pubertät entstehen Konflikte, weil wir Eltern direkt „Nein! Auf keinen Fall" denken. Die Gedanken, Ideen und Absichten unserer „Kinder" sind für uns nicht akzeptabel. Aber es geht nun darum, sich die Gegenseite verstärkt anzuhören.

Nehmen wir die Jugendlichen ernst, zeigen wir Verständnis und Vertrauen, sparen nicht mit Humor. Das läuft immer 80:20.

80 Prozent laufen gut, 20 Prozent bleiben schwierig und bedürfen dauerhafter Diskussionen – sogenannte „Teen-Exit-Verhandlungen".

Oft hilft es, sich selbst und sein Verhalten zu reflektieren und zu überdenken. Wenn man genauer hinschaut, kann man meist für jede „negative“ Reaktion seiner Kids eine Ursache finden, an der man gemeinsam arbeiten kann.

Wichtig ist, in Beziehung zu seinen Kindern zu bleiben, auch wenn sie vielleicht gerade anstrengend sind. Mehr Gelassenheit an den Tag legen und nie (ganz wichtig: nie!) etwas persönlich nehmen. Am Ende des Buches ist es immer noch so brutal schwer, ich weiß.

Doch die Pubertät geht garantiert irgendwann vorbei und dann werden wir drüber lachen können. (Also fragt mich in zehn Jahren mal, ob ich es kann, grrmmbl.)

Ihr werdet aus Sicht eures Teenagers vieles verkehrt machen – und damit macht ihr alles richtig. Das Paradox der Pubertät. Gemeint ist das Wachsen an Widerständen, wenn jegliche Gespräche stagnieren und man gerade nicht an sie rankommt, auch das muss man aushalten lernen.

Man wird feststellen: Unsere Erwartungen sind auf einmal nicht mehr die Erwartungen unserer Teenager! Sie kreieren ihre eigenen Erwartungen und erproben damit ihre Eigenständigkeit. Deshalb bitte nicht sauer oder traurig sein.

Sohn oder Tochter wollen „Ich“ werden und trainieren das unablässig. Ihr könnt dabei helfen, indem ihr Verantwortung übertragt, Vertrauen schenkt und loszulassen beginnt. Denn wir lieben unsere Kinder und was man liebt, will man nie wieder hergeben. Doch in der Pubertät muss man das!

Andererseits: Jippie! Jetzt haben wir mehr Zeit für uns!

Chill mal, Mama! Grill mal, Papa!

(Hier endlich ist sie: unsere kleine Stelle zum Thema „Grillen“ für die Männer!)

Und nie vergessen: Wir wollten damals auch erwachsen werden und haben unsere Eltern in den Wahnsinn getrieben. Die eigene Pubertät blendet man gerne aus, ist man doch heute „vernünftig". Vernunft ist nicht das hohe Gut der Jugend. Spielen wir nicht die Heiligen.

Wir waren keinen Deut besser. Ich werfe zur Illustration mal einige Oldschool-Vokabeln in die Runde: Schulschwänzen, Fummeleien, Randale, Mutproben und Besäufnisse.

Na? Weckt das Erinnerungen?

Teenager testen Grenzen aus, ohne zu wissen, wo diese genau liegen. Aber sie brauchen uns Eltern mehr, als sie zugeben würden. Wir sind in dieser Zeit die Leitplanke, der Leuchtturm, der sichere Hafen – und wenn der Hafen noch WLAN anbietet, ist eh alles in Ordnung.

> *„Vom ersten Moment an, wo ich sprechen konnte, musste ich immer nur zuhören. Die ganze Zeit war ich traurig, habe meine ganzen Gedanken für mich behalten. Wenn sie Recht hätten, würde ich ihnen ja zustimmen, aber sie wissen doch überhaupt nichts von mir. Aber jetzt sehe ich einen Weg für mich, und weiß, dass ich ihn gehen muss."*
> (*Father and Son* von Cat Stevens)

Generell: Wie viele Regeln tun einem Teenie gut?

Ich fange mit einem Beispiel an. Eine Mutter kam zu mir und erzählte:

> *„Bei meiner Tochter spürt man die Pubertät kaum. Sogar so wenig, dass sie letztens fragte: Kannst du mir nicht wieder vorschreiben, wann ich heimkommen soll?"*

Natürlich ist es vollkommen richtig, seinem Kind Freiräume zu lassen, damit es sich selbstständig entwickeln kann. Das fordern Teenager ja auch immer wieder ein. Sie wollen „nicht mehr wie ein Kind behandeln“ werden, es nervt sie, dass wir uns ständig Sorgen und Gedanken machen, sie finden es übergriffig, kontrolliert zu werden. Teenies wollen und müssen lernen, auf ihren eigenen, großen, mitunter ungewaschenen Füßen zu stehen.

Doch die Pubertät ist von Kind zu Kind verschieden, manche brauchen nicht mehr Freiheiten, sondern klarere Regeln und Grenzen.

Ein Kind, das in der Pubertät alles durfte, wird das im Nachhinein nicht unbedingt als eine tolle Sache empfinden. Freiheit kann auch ein Gefühl von Einsamkeit mit sich bringen.

Vielleicht erinnern wir uns an unsere eigene Pubertät zurück und daran, wie wir nach Orientierung gesucht haben.

Also kümmern wir uns, auch wenn der Nachwuchs schlecht gelaunt. Wir bleiben am Ball. Wir nerven nicht zu sehr, aber vermitteln das Gefühl, dass die Tür immer offensteht.

Wir achten auf das große Ganze, auf Respekt und Toleranz. Wir gestalten unser Zusammenleben so angenehm wie möglich, auch um unsere Teenager manchmal immer noch vor der rauen Wirklichkeit zu schützen.

Tut euren Kindern nichts an, was euch selbst als Kind angetan wurde!

Ich musste von irgendeinem Gemüse immer einen Löffel essen, habe es gehasst und es mir mit Verachtung reingewürgt. (Dabei gab es damals noch keinen Brokkoli.)

Das ist genauso, als ob man einem Hund Katzenfutter gibt und sagt: „Ein Löffel wird gegessen!“

Eltern sind heutzutage oft besorgt und liefern ihre Sorgen-Päckchen beim Kind ab. Aber zu viele Päckchen hemmen beim Fliegen. Und fliegen müssen sie – hinaus aus dem Elternhaus in ihre eigene Zukunft als verantwortungsbewusste Persönlichkeiten.

Euer Kind wird auch mal Bockmist bauen, wird Fehler machen und daraus lernen. Getreu dem Motto: „Ich bin nicht perfekt und arbeite auch nicht dran."

> *„Ich vertraue ihnen und traue ihnen etwas zu, meistens klappt es, nur manchmal enttäuschen sie mich, das sage ich ihnen auch. Aber im Großen und Ganzen laufen sie an der langen Leine ganz gut."*

Goldene Regeln in der Pubertät

Fünf schnelle Hinweise in Sachen Kommunikation zwischen Eltern und Teenagern

1. Stellen Eltern ihren Teenagern Fragen, verstehen Teenager nicht unbedingt: „Mama hat Interesse!", sondern eher: „Warum fragt sie mich aus? Was habe ich denn jetzt wieder falsch gemacht?"
2. Teenager spüren, ob es um echtes, aufrichtiges Interesse geht oder um Kontrolle aus Misstrauen. Das teilen sie uns unverblümt oder indirekt mit.
3. Teenager brauchen viel Nähe, aber genauso viel Distanz. Das ist der Auftrag der Pubertät. „Mama, du nervst!" ist der Wunsch nach etwas Abstand.
4. Der Ton macht die Musik. Begegnen wir Teenagern nicht auf Augenhöhe, sondern von oben herab, vergraulen wir sie mit ziemlicher Sicherheit. Auf Fremdbestimmung reagieren sie allergisch. Sie wollen nicht Befehlsempfänger sein, sondern selbst bestimmen.

5. Hören wir nicht auf naseweise Ratschläge von Eltern ohne Kinder oder solchen mit kleinen Kindern. Wir antworten höflich: „Merk dir den Vorschlag und mach ihn in zehn Jahren nochmal."

Philosophisches für Eltern (sechsmal kurz gedacht)

1. Wie sollen sich Teenager später an ihre Kindheit erinnern? Dafür sind wir verantwortlich. Sollen sie denken: Mama hat mich nie verstanden? Oder besser: Mama hat mich immer unterstützt? Was wollen wir in zehn Jahren für eine Beziehung zu unseren Kindern haben? Suchen wir eine Beziehung, die auf Zuversicht, Vertrauen und Verständnis basiert? Dann sollten wir über Druck, Strafen und unser Unverständnis nachdenken.
2. Lassen wir den Teenagern Zeit, halten wir sie nicht an der kurzen Leine. Wir müssen nicht über jeden ihrer Schritte im Voraus informiert sein. Lassen wir ihnen ihre Freiheit, sonst reden sie uns nach dem Mund oder erfinden Dinge, nur damit wir zufrieden sind.
3. Belohnung und Bestrafung sind keine geeigneten Mittel, um bei den Kindern ein Bewusstsein dafür zu erzeugen, was gut und was schlecht ist. Suchen wir den Kontakt zu ihnen, versuchen wir, ihren Motiven nachzuspüren: „Warum gehst du gerade nicht gerne in die Schule? Was nervt dich momentan? Was fühlst du? Wovon träumst du?"
4. Versuchen wir, das Gute zu sehen, nicht immer nur die Fehler und Schwächen. Ein Lob ist das beste Mittel, um das Selbstwertgefühl zu stärken. Starke Eltern stärken starke Teenager.
5. Die Pubertät unserer Kinder ist die Gelegenheit, etwas über uns selbst zu lernen. Über unsere Ansichten (die

vielleicht auch nicht immer die richtigen sind), über unsere Erwartungen (die mitunter vielleicht etwas zu hoch und unrealistisch sind) und über unsere Erziehungsmethoden (deren Ergebnis wir jetzt vor uns sehen). Reflektieren wir unsere Ansichten; wenn nicht jetzt, wann dann?
6. Zum Erziehen ist es zu spät – zum Verstehen nicht!

Gewaltfreie „Faustregeln" zum Verhalten

1. Gelassen zu sein in der Pubertät, heißt nicht, dass uns alles egal sein soll. Wenn die Teenager etwas nicht dürfen, machen sie es heimlich. Also erlauben wir es lieber? Darum geht es auch nicht. Wenn wir aber Regeln aufstellen, ziehen wir sie durch und beweisen als Eltern Haltung.
2. Wir sind auch dann gute Eltern, wenn wir unserem Kind etwas abschlagen. „Nein" zu sagen, ist kein Drama. Wenn wir unsere Gründe erklären können und die Geduld zum Trösten aufbringen – umso besser. Jugendliche wollen wissen, was geht; deshalb müssen Eltern auch mal Ansagen machen: „Jetzt geht's da lang!"
3. Ohne präsente Eltern, die ihnen Orientierung geben, fühlen sich Teenies verloren. Wenn wir ihnen alles erlauben, verleihen wir ihnen eine Machtposition, die sie überfordert. Sie fühlen sich dann mehr allein gelassen als frei. Gerade in der Pubertät sind Kinder auf der Suche. Begleiten wir sie auf ihrem Weg. Nicht mehr, aber auch nicht weniger.
4. Eltern nennen es „bedürfnisorientierte Erziehung", wenn sie ihr Handeln ganz an den Wünschen der Kinder ausrichten. Dabei vergessen sie ihre eigenen Bedürfnisse und verleugnen sich. Davon abgesehen, dass sich das früher oder später rächt und sie ihre Glaubwürdigkeit verlieren, tun sie

den Kindern damit keinen Gefallen: Sie brauchen Reibung, um sich voll entfalten zu können.

5. Lassen wir unseren Kindern Freiheiten!
   Was bedeutet das konkret? Das Trödeln auf dem Heimweg, heimliches Lesen unter der Bettdecke, das Bier zu viel bei der großen Party, obwohl man noch keine 18 ist … sind Dinge, von denen wir Eltern nichts wissen müssen (und ja, bei uns war das auch so); unsere Kinder sammeln Erfahrungen und werden selbstständig. Und oft waren im Nachgang die Erfahrungen am spannendsten und am aufregendsten, von denen unsere Eltern en detail nicht alles wussten.
6. Teenager sind keine „Projekte", die immer funktionieren müssen, wie wir uns das vorstellen. Das müssen sie nicht, das sollen sie nicht. Sie wollen und werden ihren eigenen Weg finden. Kinder sind nicht auf der Welt, um uns glücklich zu machen. Ja, es ist ein undankbarer Job, aber wir bereuen ihn nicht.
7. Wir Eltern machen nicht alles richtig und müssen das auch nicht. Teenager wollen keine perfekten Eltern. Sie wollen Nähe und Vertrauen, sie wollen geliebt werden von Menschen, die auch Fehler machen dürfen, mit denen sie sich identifizieren können. Die auch mal sagen: „Entschuldigung, das habe ich falsch gesehen!"
8. Kontrolle ist gut, Vertrauen ist besser: Machen wir unseren Kindern kein schlechtes Gewissen (nur weil wir selbst vielleicht voller Ängste sind). Vertrauen wir darauf, was wir ihnen die letzten Jahre vorgelebt und mitgegeben haben!
   Denn wir waren wunderbare Eltern und werden es weiterhin sein.
   Einmal Eltern, immer Eltern. Da machste nix. Aber immerhin bleibt es spannend.

„Ich musste lernen mich zurückzunehmen, Verantwortung an sie abzugeben, sehenden Auges dabei zu sein, wenn Dinge schief laufen und vor allem: den Mund zu halten. Und ich

lerne es noch. An guten Tagen kann ich das weglächeln, habe Verständnis und kann es ignorieren; an schlechten Tagen bin ich sauer und werde übellaunig. Meine Idee zum Umgang mit Teenagern ist: nix persönlich nehmen, Gelassenheit und vor allem: die neu gewonnene Freiheit durch abgeben von Verantwortung für MICH nutzen!"

„Lieber locker vom Hocker als hektisch über'n Ecktisch!"
(Udo Lindenberg)

Pubertät ist...

… Vertrauen und Zutrauen.

… wenn man trotzdem lacht.

… Lernen auf beiden Seiten.

… wenn die Wasserrechnung steigt.

… nur eine Phase, nur eine Phase, nur eine Phahahase.

… wenn man mit einem lachenden und einem weinenden Auge zugleich auf sein Kind blickt.

… wenn man plötzlich an Außerirdische glaubst: „Wer bist du und was hast du mit meinem Kind gemacht?“

Zu guter Letzt …

Wir haben das Buch gelesen. Sind relativ gechillt.

Aber! Das klingt hart, ist aber so: Das nächste Tief wird kommen. Trotzdem.

Weil wir Menschen sind, die lieben und voller Emotionen sind. Da kommen die Fragen wieder hoch, wo unser kleines, liebes Kind geblieben ist.

Mit den Launen dieser Teenager kommen wir nicht klar. Ständig Vorwürfe. Nur blöde Antworten, alles ist scheiße, so richtig scheiße. Man könnte losheulen. So ein richtiges Tief!

WAS MACHEN WIR DANN?

Wir denken 20 Jahre weiter, unser Teenager ist ausgezogen, hat eine eigene Wohnung. Dann fahren wir dahin. Wir werfen die Handtasche in den Flur, gehen zum Kühlschrank, schreien „Ich find nix!“, schmeißen uns auf die Couch, fressen eine Tüte Chips, sagen: „Mir ist langweilig!“ Dann fahren wir wieder.

Beim nächsten Tief bitte an diese Stelle im Buch denken – und ihr werdet mindestens schmunzeln. Versprochen!

Dank

Ein großer Dank geht an den kompletten Edel Verlag: Marten Brandt, Constanze Goelz, Lena Borowski, weiterhin an Tillmann Courth, Petra, Justus und meinen Manager Marc Balluff und meine frühere Managerin Vanessa Leutner.

Herzliche Grüße gehen an meine Eltern, die mich immer auf meinem Weg unterstützt haben, an meinen Bruder und an meinen besten Freund Frank und viele andere tolle Menschen, die mir immer geholfen haben.

Dazu gehören Daniela Strube, die Leiterin von „Keep cool, Mama!“ und ihre Moderatoren und alle Muttis und Vatis auf diesem Planeten. Ihr leistet Großartiges!

Einfach nur: „Danke!“

Edel Books
Ein Verlag der Edel Germany GmbH

Copyright © 2019 Edel Germany GmbH, Neumühlen 17, 22763 Hamburg
www.edelbooks.com
2. Auflage 2019

Projektkoordination: Dr. Marten Brandt
Redaktion: Tillmann Courth
Lektorat: Dr. Marten Brandt
Layout und Satz: Datagrafix GSP GmbH

Umschlaggestaltung: Groothuis. Gesellschaft der Ideen und Passionen mbH | www.groothuis.de
Druck und Bindung: GGP Media GmbH, Pößneck

Alle Rechte vorbehalten. All rights reserved. Das Werk darf – auch teilweise – nur mit Genehmigung des Verlages wiedergegeben werden.

Printed in Germany

ISBN 978-3-8419-0670-0

NACH DER LEKTÜRE IST ZUMINDEST EINES KLAR. ES GEHT WIRKLICH ALLEN ELTERN SO. WIR STEHEN NICHT ALLEIN DA.

Bestseller-Autor Matthias Jung steht gestressten Eltern zur Seite – mit einer einzigartigen Mischung aus Sachverstand und Humor, faktenreich und äußerst unterhaltsam. Nah an der Pubertät! Nah am Alltag! Nah an den Eltern!

MATTHIAS JUNG
CHILL MAL!
AM ENDE DER GEDULD IST NOCH VIEL PUBERTÄT ÜBRIG

224 Seiten, 16.95 € (D)
ISBN: 978-3-8419-0609-0